¿QUÉ S
DE *DRUCKER Y YO?*

«Fui testigo presencial de esta fascinante historia entre dos de mis mejores amigos, Peter Drucker y Bob Buford. Y ahora todos podrán aprovechar las maravillosas conversaciones que tuvo Bob con una de las mentes más brillantes de todos los tiempos»

Dr. Rick Warren
Pastor fundador de la Iglesia Saddleback y autor de Una vida con propósito

«Me encantó *Drucker y yo*. No se me ocurre nadie más que Peter Drucker y Bob Buford cuando pienso en gente influyente, no solo en mi vida sino en la de muchos otros. ¡No querrás perderte el regalo de aprender de su amistad y sus relaciones, tan llenas de motivación!».

Ken Blanchard
Coautor de El ejecutivo al minuto *y* Leading at a higher level

«Solamente Bob Buford podría haber captado la esencia de Peter Drucker de manera tan genuina y conmovedora, porque ¿quién estuvo más cerca de Peter que Bob Buford? El libro de Bob es Peter, hecho y derecho».

Frances Hesselbein
Presidente y ejecutivo de Frances Hesselbein Leadership Institute (Originalmente, the Peter F. Drucker Foundation for Nonprofit Management)

«Además de ser un libro genial, *Drucker y yo* nos brinda un retrato íntimo de Peter Drucker, como nunca antes pudimos verlo: como amigo íntimo y mentor. Así, revela no solo importantes lecciones de organización sino maravillosas lecciones de vida. Hay muchos libros sobre Drucker por allí, pero este se destaca de veras».

Rick Wartzman

Director ejecutivo del Drucker Institute y
columnista de time.com

«Se nos revela una amistad muy sincera, de manera conmovedora, inspiradora, que nos presenta un desafío. Y el lector pasa a formar parte de esa relación especial».

Steve Reinemund

Decano de Wake Forest School of Business, presidente y
ejecutivo jubilado de PepsiCo

«El mentor es esa persona que multiplica su impacto al invertir en las vidas y el trabajo de otros. Peter Drucker fue uno de esos mentores para Bob Buford, luego Bob fue mentor de tantísimas personas más. Tenemos aquí la cálida historia de cómo dos hombres fueron transformándose, el uno al otro, para luego aprovechar esa transformación y satisfacer "necesidades humanas, aliviando el sufrimiento" en una reacción en cadena que hoy sigue cambiando al mundo».

Richard Stearns

Presidente de World Vision US y autor de **El vacío en**
nuestro evangelio *y* **Por terminar**

«*Drucker y yo* es absolutamente excelente. Lo leí una vez, tomé notas y volví a leerlo dos veces más. Me encanta poder reconocer públicamente a Bob y su muy buen trabajo. ¡Este libro sí que vale oro! Lleno de sabiduría, es una potente historia de profunda colaboración, de liderazgo con inspiración, que nos enseña a todos cómo vivir de manera más útil, sirviendo a los demás».

Tom Tierney
Presidente y cofundador de The Bridgespan Group

«No conocí personalmente a Peter Drucker, pero a la distancia he admirado su trabajo desde que tengo memoria. *Drucker y yo* nos brinda una perspectiva de este hombre importante, mostrándonos mucho más de lo que podríamos saber sobre cualquiera, porque amplía nuestra visión colectiva de sus increíbles aportes al trabajo de todos. Agradezco a Bob por su esfuerzo por compartir todas estas cosas con nosotros».

Curt Pullen
Vicepresidente ejecutivo y presidente de Herman Miller
North America y presidente de la junta de consejeros de
Drucker Institute

«*Drucker y yo* es un ejemplo maravilloso de lo que tiene que ser un mentor. Es la historia de una cálida relación entre un mentor y su alumno. Un modelo para el que sea mentor o alumno, que nos demuestra cómo las dos partes pueden sacar el mejor provecho. Me sentí partícipe de la conversación. Además, la sabiduría de Peter Drucker es muy valiosa para todos. Vale la pena releer el libro. Es uno de los mejores libros que he leído en los últimos años».

Wally Hawley
Cofundador de InterWest Partners y filántropo

«Es la inspiradora historia de la colaboración de un emprendedor, con el legendario pensador de la administración y la gerencia Peter Drucker, y nos muestra que las grandes ideas que se combinan con la acción apasionada sí pueden cambiar al mundo».

Mike Ullman
Ejecutivo y director de J. C. Penney

«Bob Buford ha creado otro libro excelente y, como beneficio extra, tenemos aquí la sabiduría perceptiva de Peter Drucker, como ingrediente principal».

Philip Anschutz
Ejecutivo propietario de The Anschutz Company y filántropo

«Peter Drucker rara vez escribía prefacios en libros de otros autores. Y, sin embargo, para Bob Buford lo hizo dos veces. Eso te da una idea del respeto mutuo que había entre Drucker y Buford. Su relación cobra vida en *Drucker y yo*, y mientras lo leemos aprendemos mucho sobre la vida de estos dos hombres, que sirven de faro y guía para nuestro propio desarrollo».

Bruce Rosenstein
Editor en jefe de **Leader to leader** *y autor de* **Create Your Future the Peter Drucker Way**

«Qué extraordinaria historia… la de una sociedad íntima entre Bob Buford, el más brillante emprendedor de la fe, y Peter Drucker, el más grande pensador de la administración en el último siglo. ¡Es una historia que ha cambiado al mundo!».

Bill Drayton
Ejecutivo de Ashoka, Innovators for the Public

«Por muchos años he sido admirador de los libros de Bob Buford, libros que cambian vidas. *Drucker y yo* se ha convertido en mi preferido. Es una obra que atrapa y personaliza la relación entre Bob y Peter Drucker, invitándote a conocer y entender a Drucker, como hombre y amigo».

Jack Bergstrand
Ejecutivo de Brand Velocity, Inc.

«*Drucker y yo* tiene que ver con el poder del trabajo mancomunado: es el genio de Peter Drucker unido a la energía emprendedora y receptiva de Bob Buford. Hasta ahora, pocos se habían enterado de que esta relación de sinergia literalmente le cambió la cara a la iglesia de hoy. Es un libro lleno de lecciones y momentos excelentes, de los que puede aprender todo líder espiritual. Es una historia que tiene que contarse».

Robert Lewis
Pastor fundador de Men's Fraternity

Más comentarios de lectores y amigos de Peter y Bob al final del libro.

DRUCKER
y YO

Lo que aprendió un emprendedor de Texas
con el padre de la administración moderna

BOB BUFORD

WORTHY®
Latino

> «La mejor forma de predecir el futuro es creándolo».
>
> —Peter F. Drucker

Al legado de Peter F. Drucker,

que nos ayudó a tantos

en nuestro camino y

a quienes siguen avanzando.

ÍNDICE

PALABRAS PRELIMINARES

ESTE ES UN libro maravilloso, escrito por uno de los mejores alumnos de Peter Drucker. Bob Buford cuenta la historia de cómo llegó a conocer a Drucker, de cómo aprendió directamente del maestro y de qué modo aplicó lo aprendido para transformar vidas. Está escrito de manera excepcional, nos brinda una mirada a la fórmula secreta del modo en que un maestro verdaderamente excelente puede llegar a tener impacto en el mundo a través de un alumno que también es en verdad excelente. Bob enlaza una breve biografía de Drucker con la suya, y al hacerlo va contándonos algunas de las lecciones y observaciones más importantes de Drucker, llegando directo al corazón.

Peter Drucker fue un genio muy productivo. Publicó más de diez mil páginas en cientos de artículos y más de treinta libros llenos de observaciones inteligentes, además de conceptos conmovedores y penetrantes. Los líderes que piensan en la forma de alcanzar el éxito saben que debieran poner en práctica las ideas de Drucker, pero a veces el problema es de naturaleza práctica, porque hay mucho por aprender. ¿Por dónde empezar? ¿Qué ángulo es el mejor para aprender lo que enseña? Si nunca te animaste a zambullirte en el océano de las ideas de Drucker, tienes aquí un punto de partida perfecto. Y si ya leíste a Drucker, este libro te suma una perspectiva singular y única. Si te preguntaste alguna vez lo que sería tener a Peter Drucker como maestro y mentor personal, estas memorias te brindan un vistazo auténtico de esa experiencia particular.

> Los líderes que piensan en alcanzar el éxito saben que deben poner en práctica las ideas de Drucker, pero a veces el problema es de naturaleza práctica, porque hay mucho por aprender. ¿Por dónde empezar? ¿Qué ángulo es el mejor para aprender lo que enseña? Si nunca te animaste a zambullirte en el océano de las ideas de Drucker, tienes aquí un punto de partida perfecto.

Disfruté de la lectura de esta conmovedora historia escrita por Bob. Y noté tres elementos principales en el impacto de las enseñanzas de Peter. *Primero: impulsaba a sus alumnos a pensar por sí mismos en vez de decirles simplemente qué pensar.* Peter le pedía a Bob que le escribiera una larga carta con anterioridad a cada una de sus reuniones anuales, lo que obligaba a Bob a pensar con rigor en los desafíos que le esperaban. Entonces Peter comenzaba sus sesiones de enseñanzas, presentándole retos a través de preguntas, no por medio de ideas o mensajes puntuales. La mayor enseñanza de Peter no te llegaba a través de respuestas que te diera, sino en su modo de hacer que pensaras, más o menos como si te empujara a responder preguntas importantes. Quería que Bob pensara por sí mismo. Y como enseñaba de la misma manera en que lo hacía Sócrates, Peter aprendía al menos tanto como sus alumnos al mismo tiempo que ellos aprendían de él. Ese era el secreto de su continua renovación de sí mismo. Los más grandes maestros empiezan por la humildad, la creencia de que solo si aprenden primero de sus alumnos podrán serles de mayor utilidad y servirles mejor.

Segundo, Peter no solo cambiaba el modo de pensar de sus estudiantes, sino también sus vidas y, a través de ellos, las vidas de otras personas. Piensa en el alumno como en un vector que apunta más allá en términos de tiempo y espacio; si puedes cambiar apenas un poco la trayectoria de ese vector, esos cambios pequeños a la larga se convierten en una transformación muy grande. Luego, si ese mismo vector a su vez cambia la trayectoria de decenas o cientos, o miles de otros vectores, entonces el maestro tendrá un efecto multiplicador en el mundo. Es exactamente lo que hacía Drucker como maestro. Transformaba las vidas de los alumnos, en parte mediante parámetros audaces que presentaba a los mejores estudiantes como cuando desafió a Bob a lograr que la segunda mitad de su vida tuviera mayor sentido que la primera. Y así borró cualquier idea que pudiera tener Bob en cuanto a retirarse de la actividad. Drucker le presentó a Bob el desafío de «transformar la energía latente del cristianismo estadounidense en energía activa». No era una tarea fácil ni pequeña. Así, lanzó a Bob a una gesta que le haría invertir sus años más creativos y productivos.

Tercero, Peter obtenía el más alto «retorno por la suerte inver-tida». Me fascina hoy la cuestión de la suerte y su función (o la falta de ella) en quienes logran resultados excepcionales. Porque resulta que cuando definimos o cuantificamos la suerte con rigor, cuando trazamos comparaciones, los líderes con mejores resulta-dos y sus compañías no tuvieron *más suerte* que otras personas, ni menos suerte, ni mejores momentos o golpes de suerte que los que menos alcanzaron. Lo que sí obtuvieron fueron mejores retornos sobre la suerte. Porque resulta que en varias ocasiones tomaron un hecho de suerte, buena o mala, la reconocieron, la aprovecharon y lograron más que otros. La pregunta para todos nosotros no es si tendremos suerte, sino qué es lo que haremos con la suerte que tengamos. ¿Cómo se relaciona esto con Peter Drucker? Piénsalo así: para el maestro uno de los hechos fortuitos más importantes es cuando se te cruza en el camino un alumno excelente; al reconocer que esa inesperada llegada de un alumno genial es una bendición, el buen maestro invierte diez veces más en ese alumno. Peter Druc-ker vio que al invertir mucho en enseñarle a Bob Buford, obtendría resultados que excederían en mucho lo que pudiera invertir en un alumno promedio.

El impacto de Drucker no proviene solo de sus ideas sino de la forma en que veía las ideas y, en última instancia, de su potencia como maestro. Drucker era profundamente empírico: lo que enten-día y sabía no se desprendía de la teoría pura sino de mirar los hechos reales y construir luego la teoría a partir de esos hechos, la evidencia y la práctica. Le pregunté una vez a Drucker cuál era el propósito de su trabajo como consultor, y me dijo: «Ah, es mi laboratorio». No quería quedarse ahí sentado a pensar en las grandes ideas. Quería que de ellas derivaran cosas que tuvieran un impacto tangible en las vidas de las personas. Y sin embargo, aunque Drucker se centraba en los resultados tangibles, llevaba sus enseñanzas a un nivel mucho mayor que el de la simple mecánica del «cómo lograr… tal o cual cosa». «Desviaban mi atención, de las tuercas y engranajes de la administración y la gestión de un negocio, para centrarla en cambio en el horizonte más amplio de cosas como el carácter moral, la visión y la responsabilidad», escribe Bob en estas páginas. Tanto la gestión como su hermano, el liderazgo, eran para Drucker un arte liberal, no un ejercicio para tecnócratas.

> El impacto de Drucker no proviene solo
> de sus ideas sino del modo en que
> veía las ideas y, en última instancia,
> en su potencia como maestro.

Creo que el trabajo de Drucker tenía como guía una pregunta mayor y cargada de audacia: ¿Qué es lo que hace falta, qué principios se requieren, para que la sociedad sea más productiva y al mismo tiempo, más humana? Bob Buford me dijo una vez que creía que el aporte de Drucker al triunfo de la libertad por sobre el totalitarismo era tan importante como el de los más grandes, incluyendo a Winston Churchill. Al principio me pareció que su afirmación era un tanto extrema y me sentí confundido. Pero después pude entender y apreciar que muy probablemente tuviera razón. Para que una sociedad libre funcione como debe y pueda competir con la tiranía, necesitamos que tenga organizaciones de alto rendimiento, que operen con libertad. Y esas instituciones autónomas e independientes a su vez, dependan de administradores que tienen que ser excelentes. Es una clásica dualidad druckeriana, esa vinculación de lo grande y lo pequeño, de lo práctico y lo filosófico, lo micro y lo macro. Porque por un lado centraba «lo que funciona» para el administrador y, por otra parte, lo ubicaba en el contexto de una de las más importantes preguntas a largo plazo, una cuestión que toda sociedad debe responder.

Finalmente, y lo más importante, Drucker le infundió a todo su trabajo esa gran compasión e interés por la persona. Allí está la piedra fundamental que lo hacía tan buen maestro. Creo de veras que el trabajo de Drucker en esencia era bueno, correcto, y que la historia mostró y seguirá mostrando que sus enseñanzas sobre cómo funciona el mundo social son correctas. Sin embargo, creo que hay un punto en el que Peter Drucker se equivocó, al menos en parte. Cuando Bob Buford le preguntó qué se podía hacer para que el legado de Peter avanzara, Drucker descartó la pregunta con impaciencia: «Mi legado es lo que escribo». Sí, es cierto. Pero falta algo más. En mi opinión hay un legado igualmente importante en sus alumnos, y en el impacto que tienen en el mundo. Si Drucker no hubiera sido un maestro tan genial, si se hubiese encerrado como un ermitaño para volcar por escrito lo suyo en una máquina de escribir, creo que su impacto se habría visto profundamente refrenado. No hay mejor testimonio del legado de Peter que este regalo que nos trae Bob Buford: *Drucker y yo.*

Jim Collins
Boulder, Colorado
8 de abril de 2013

INTRODUCCIÓN

CUANDO EMPECÉ A trabajar en este libro formé un equipo de gente creativa, como suelo hacerlo cada vez que emprendo un nuevo proyecto, con el fin de que me ayudaran a darle forma y centro a la historia. Además de mis más de veinte años de amistad con Peter Drucker, autor de éxitos de ventas y consultor en administración y gestión, lo que también se conoce como *management*,[1] tenía transcritas casi todas nuestras reuniones con Peter. Eran más de mil páginas. Sospechaba que había un libro escondido allí, en toda esa información, pero me hacían falta ojos y oídos objetivos para poder encontrarlo.

El proceso nos llevó casi cinco años. Mi equipo se reunía durante más o menos un día entero y terminaban pensando después de cada reunión que habíamos hallado el libro correcto. Pero cuando me sentaba a escribir sentía que solo sería un libro más sobre Peter Drucker, de los muchos que hay y seguirá habiendo. Y no quería para nada escribir «otro libro».

Finalmente, y después de varios comienzos frustrados, uno de los miembros del equipo dijo algo como: «Tuviste la buena fortuna de ver a Peter de cerca, personalmente. Era tu amigo. ¿Por qué

---

1 Management, en inglés, es el arte de administrar, gestionar, el conjunto de estrategias que utiliza un administrador o gerente.

no te dedicas nada más a escribir sobre tu amigo? Veamos a Peter desde ese punto de vista privilegiado».

Y es exactamente lo que intento hacer en este libro: revelar al hombre que hay tras la leyenda.

En general, este tipo de libros tiene convocatoria porque suele mostrar la suciedad escondida bajo la alfombra. Si es eso lo que esperas temo que lo que hallarás será una desilusión. Primero, porque no respeto en absoluto a los «amigos» que sacan provecho de una relación de manera tan ordinaria, poco ingeniosa, y no quiero perder el respeto que siento por mi propia persona.

Pero incluso si en algún momento de debilidad decidiera «contarlo todo», fracasaría de la manera más estrepitosa por la sencilla razón de que no hay nada que contar. Peter era una de esas personas que pocas veces encuentras, alguien que ponía en práctica lo que predicaba. Su motivación en todo lo que hacía como profesional era hacer un aporte a lo que llamaba «una sociedad funcional, que opera a plenitud». Para Peter, el punto de partida para eso era el ser humano funcional, que funciona a plenitud. Llevaba una vida de principios, sin el obstáculo de objetivos espurios o diversiones frívolas. Amaba a su esposa, a su familia y a su trabajo. Si de todos esos afectos encontraba que le faltaba algo, probablemente sentía que era porque no pasaba con ellos todo el tiempo que querría.

En términos de amistad, la verdad es que éramos una pareja dispareja. Nos separaba una generación. Uno de los dos hablaba inglés con acento austríaco y el otro, inglés de Texas. Yo era dueño de una compañía de televisión por cable y Peter ni siquiera tenía televisor. Yo vestía de traje y Peter andaba siempre vestido con camisas manga larga abotonadas hasta arriba con una corbata de cordón. Yo seguía a los Cowboys de Dallas y él al arte japonés. Pero tras unos años de relación, supimos que teníamos la misma pasión por un fenómeno que literalmente cambiaría al mundo.

> Peter era una de esas personas que pocas veces encuentras, alguien que ponía en práctica lo que predicaba. Su motivación en todo lo que hacía como profesional era hacer un aporte a lo que llamaba «una sociedad funcional, que opera a plenitud», para Peter, el punto de partida para eso era el ser humano funcional, que funciona a plenitud.

En una de las últimas reuniones con mi equipo creativo, dedicamos un tiempo a presentar ideas para el título de este libro, sabiendo muy bien que las editoriales casi nunca usan los títulos que sugiere el autor. Pero como al tener un título en mente uno puede concentrarse mejor en la tarea, uno de los que pusimos en la lista y que al fin no usamos fue *Salvar a la sociedad*. Suena noble, ambicioso y quizás arrogante, pero describe lo que tanto Peter como yo sentíamos como vocación y llamado. En esta obra hago todo lo posible por explicar con precisión cómo planeamos hacerlo.

Bob Buford

1

PUEDES IRTE AHORA

«Esta vez él no va a volver».

—DORIS DRUCKER

¿CUÁNTAS VECES LE había oído decir: «Empieza pensando en el final»? ¿Una docena de veces? ¿Cien? Era una de esas máximas que yo aplicaba a casi todos los proyectos que emprendía. Así que bien corresponde aplicarlo aquí, lo que equivale a decir que esta historia empieza en Aspen, Colorado, donde cada tanto me refugio para pensar, escribir y recalibrar. En esta ocasión en particular había invitado a Bret Eastman, un pensador muy creativo. Estábamos los dos inmersos en algo que en ese momento nos parecía enormemente importante, cuando mi esposa Linda nos interrumpió con una noticia que yo sabía que algún día iba a oír.

Mi querido amigo y mentor Peter F. Drucker estaba a punto de morir.

Recibí el mensaje con disgusto, como si se tratara de un intruso que irrumpe en medio de la noche, y fui conociendo más detalles: no se había sentido bien y lo llevaron al hospital. De todo el mundo, sus familiares viajaban para despedirse. Se hablaba de que iban a desconectarlo de las máquinas que lo mantenían con vida.

Yo sabía lo que tenía que hacer, pero no quería hacerlo por varias razones. Aunque pasaba de noventa años, Peter seguía con su intelecto intacto y agudo, no podía imaginarlo de otro modo. También lo conocía lo suficiente como para saber que no le habría gustado ser el centro de una despedida sentimental y llorosa, en especial porque no iba a poder defenderse con alguna de sus ingeniosas amonestaciones a los que estaban despidiéndolo de esa manera.

También estaba el tema de la logística, que se complicaba por la terrible objetividad de Peter y su actitud práctica al estilo del Viejo Mundo. No es fácil llegar rápido a ningún lado desde Aspen, pero llegar al Hospital del Condado de Pomona disminuía en más mi limitado entusiasmo por conducir por las rutas y autopistas de Los Ángeles. Peter, que parecía saber mucho acerca de casi todo, me había dicho una vez que en un buen hospital regional te atienden tan bien como en la Clínica Mayo o el Centro Médico de la UCLA; no pude evitar una sonrisa cuando me dijeron dónde había decidido pasar lo que podían ser sus últimos días.

También soy de la opinión de que si en una situación como esta han quedado cosas sin decir entre amigos, la verdad es que la relación no era tan cercana. Ninguno de los dos necesitaba de un lecho de muerte para que surgiera la bondad o el aprecio. ¿De qué valdría la sensación de incomodidad que casi con certeza sentiríamos los dos? Pero toda idea de permanecer en Aspen se evaporó enseguida debido a una simple afirmación de Linda: «Tienes que ir».

Claro que tenía razón —casi siempre la tiene— y cuando Brett se ofreció a viajar conmigo empecé a empacar casi con reticencia, mientras él usaba el teléfono celular para reservar el vuelo. Incluso mientras Linda nos llevaba en el auto al pequeño aeropuerto Pitkin County de Aspen permanecí en silencio, triste, pensando y con bastante temor. Además de Linda y Jesús, por medio de sus palabras y su ejemplo en la Biblia, no ha habido nadie más que Peter como persona con tan grande influencia en mi vida. Y esa podía ser la última vez que le viera vivo.

Brett logró combinar los vuelos que nos llevarían a Long Beach. Renté un auto cuando él se fue a quedarse con su familia en Orange County y como había sido un viaje tremendamente largo, reservé una habitación en un hotel regular junto a la carretera I-10. Cerré la puerta con dos vueltas de llave y traté de dormir un poco. Entre el ruido de la autopista justo frente a mi ventana, y los golpes que alguien dio a mi puerta en medio de la noche, más los recuerdos de los muchos buenos momentos que había pasado con Peter, dormí a ratitos. Además, todo el tiempo pensaba en que tendría que verlo en circunstancias muy terribles.

Cuando llegué a su habitación estaba solo, conectado por medio de cables y tubos a una cantidad de dispositivos que, o bien monitoreaban su condición de salud, o le mantenían respirando. A lo largo de los años nos hemos reunido más de cien veces, pero esa ocasión no se parecía en nada a ninguno de esos encuentros. En vez de la conversación habitual caracterizada por sus respuestas sobre distintas cosas que yo le preguntaba, y que siempre referían a una respuesta que su evidente simplicidad hacía tan profunda, hablamos muy poco. Estaba alerta, como siempre, y lleno de su habitual gracia. Pero se le veía muy mal, por lo que me alegré de haber ido a verlo. Por lo general, antes de reunirnos yo le enviaba una carta extensa, llena de temas que servirían de agenda para nuestro encuentro. Pero hoy el único propósito que yo tenía era estar allí y nada más.

> A lo largo de los años Peter y yo nos hemos reunido más de cien veces pero esa ocasión no se parecía en nada a ninguno de esos encuentros.

Después de una media hora puso fin abruptamente a nuestra conversación.

«Bien, ya hiciste aquello para lo que habías venido, así que puedes irte».

Muy típico de Peter. Entendía perfectamente por qué había ido, y después de regalarme ese último encuentro para decirnos lo que hubiera que decir, me liberaba de mi tarea. Con toda sinceridad no puedo recordar precisamente qué nos dijimos, pero no parecía tener importancia. Era casi un resumen sin palabras de una relación de más de veinte años entre dos amigos que sabían exactamente qué era lo que estaba pasando sin voluntad alguna de ampliar ni estudiar el tema.

Por eso me fui sintiendo una mezcla de tristeza y gratitud. Tristeza porque creía casi con certeza que no volvería a verlo jamás — al menos, en este mundo— pero también gratitud porque ese gran hombre había tenido tan grande y profunda influencia en mí. Salí de su habitación, fui hasta el auto, conduje hasta el aeropuerto y volé de regreso a Aspen, donde esperé lo inevitable. Pero Peter volvería a sorprenderme.

Para asombro de todos se recuperó. Y aunque físicamente estaba bastante frágil y débil, pudo volver a casa.

«SOY ESCRITOR»

Ahora avancemos rápidamente al 29 de septiembre de 2005. Cada vez que visitaba a Peter trataba de llevar a alguien conmigo. Es que sentía que era casi egoísta de mi parte no compartirlo con alguien que sin duda podría aprovechar lo aprendido de una reunión con él. En esa ocasión en particular le había pedido a Derek Bell que nos encontráramos en casa de Peter, ubicada en Wellesly Drive, Claremont, California. Era un brillante joven consultor que había ejercido una función de liderazgo temporal en el Instituto Drucker. Teníamos lo que pensamos era un excelente plan: hablar con Peter sobre su legado —en especial de todo lo que había escrito— y cómo podíamos ayudarlo con eso. Derek tenía experiencia en el ámbito editorial y yo, en los negocios (una aptitud que Peter supo afinar), y teníamos algunas ideas sobre cómo los pensamientos, escritos e influencia de Peter podían preservarse para las generaciones futuras.

Cuando Derek y yo entramos a la modesta sala de estar, era obvio que Peter estaba muy débil. Su esposa Doris nos había confiado que pasaba la mayor parte del día durmiendo y que prácticamente lo había tenido que despertar salpicándolo con agua de modo que estuviera listo para nuestra reunión. Pero también me aseguró que en especial en esos últimos años en que su salud había empezado a deteriorarse, mis visitas habían sido como un tónico para él.

Como siempre, tomé nota mental de los libros que había sobre la mesita de Peter. Peter me había enseñado a aprender, y también me había enseñado lo importante que era apuntar más alto, siempre, buscando la perfección. Lo había aprendido él del gran compositor italiano Giuseppe Verdi. Cada tres años Peter elegía un tema y se zambullía en él. Pasado ese tiempo, buscaba otro tema. Allí, sobre la mesita de Peter, ese día había libros sobre microbiología.

Nos recibió con un cálido saludo desde su sillón favorito mientras yo me acomodaba a su derecha, con Derek a su izquierda y Doris en el sofá que estaba enfrente. Empecé a explicarle por qué estábamos allí; Peter escuchó con educación hasta que yo terminara de hablar. Luego, con su estilo inimitable, puso fin a nuestra «discusión» sobre su legado con cuatro oraciones que recuerdo palabra por palabra:

«Soy escritor», dijo al comienzo. «Mi legado es lo que escribí. No creé una institución. Ahora ¿de qué les gustaría hablar?».

De esas oraciones, las primeras tres resumían su carrera bastante bien. Peter era un gran observador de la humanidad. En noviembre de 2001 *The Economist* le había encomendado a este hombre de entonces noventa y un años que escribiera un artículo especial de veintisiete páginas sobre «la sociedad que viene». La revista anunciaba: «El mañana está más cerca de lo que creemos. Peter Drucker explica en qué cosas será diferente al hoy, y qué hay que hacer para prepararnos». Escribía con sustancia y exquisita claridad, y probablemente por eso los académicos no lo querían. Como escritor reconocido sobre temas de administración, Tom Peters lo comentó de este modo en una ocasión: «Drucker efectivamente tomó un atajo y eludió a los del estatus quo intelectual. No sorprende entonces que lo odiaran tanto». Pero a Peter no le importaba. No le interesaba que le pusieran su nombre a un edificio o instituto.

> Peter escuchó con educación hasta que terminara de hablar. Luego, con su estilo inimitable, puso fin a nuestra «discusión» sobre su legado con cuatro oraciones que recuerdo palabra por palabra: «Soy escritor», dijo al comienzo. «Mi legado es lo que escribí».

Era casi como si Peter nos estuviera diciendo que «si necesitas hacer una reunión especial para explicar tu legado, en realidad no tienes legado alguno». Él había estado trabajando en su legado toda su vida, escribiendo libros que tenían pocas notas al pie porque su pensamiento era original; no tomaba prestadas las ideas ajenas, sino que dejaba un tesoro de sabiduría para todos. Peter tenía algo de travieso que por lo general lograba contener, pero me pareció detectar una pícara sonrisa en su rostro cuando cerró de manera tan terminante la puerta a este tema del legado. Si hubiera tenido la energía, me habría dado un codazo, diciendo: «Así que, ¿qué estás haciendo aquí, grandulón?».

Resultó que Peter, por su cuenta, había hecho un acuerdo con *Harvard Business Review*, otorgándoles los derechos de publicación de sus libros cuando la editorial original declarara que ya no se imprimirían más. La elegante simpleza de ese acuerdo era algo clásico de Drucker, que nos dejó a Derek y a mí un tanto avergonzados pero maravillosamente impresionados una vez más por su previsión, clara como el cristal.

Sin embargo, antes de que ese breve intercambio se hubiera cobrado lo suyo en términos de las fuerzas de Peter, Doris dijo que la reunión debía terminar. Ella era la feroz protectora de su esposo, después de setenta y un años de casados.

«¡Peter! ¡Hora de tu siesta!».

(Una vez, mientras cenábamos, le pregunté a Doris cuál era su misión en la vida, y me contestó, tajante: «Preservar a Peter Drucker».)

Con su ayuda Peter se puso de pie, con mucha dificultad. Luego apoyó una mano en el andador y nos extendió la otra, a modo de saludo.

«Bob, fue muy bueno verte de nuevo. Señor Bell, encantado de conocerle».

Y a paso muy lento, arrastrando un poco los pies, se dirigió a su dormitorio con Doris a su lado. Permanecimos de pie en la sala hasta que ella volvió. Yo admiraba las láminas japonesas que tanto le gustaban a Peter y que estaban colgadas en frente de mí sobre la pared, e intenté recordar la primera vez en que había llamado a la puerta de esa casa. En muchos aspectos, en ese humilde hogar nada había cambiado. Pero se había logrado tanto como resultado de ese primer improbable encuentro con un hombre al que yo hasta entonces solo conocía por sus escritos.

Después de asegurarse de que Peter estaba bien, Doris nos acompañó hasta la puerta. Sin sentimentalismos, como siempre, en un aparte me dijo, sin vueltas: «Esta vez, no va a volver».

Salí y el cálido sol de California brillaba. Me detuve un momento antes de subir al auto que había alquilado. En esa casita quedaban algunos de mis mejores recuerdos. Sonreí y recordé mi *chutzpah* de joven muchacho al suponer que ese hombre consejero de los ejecutivos de Intel y Procter & Gamble querría aceptarme como cliente. Casi reí ante la incongruencia de que ese caballero europeo del Viejo Mundo pudiera andar con el grupo dispar de tipos independientes que yo le había presentado. Todo había empezado aquí y sabía que su tiempo estaba a punto de acabar. Pero sabía también que en realidad no acabaría. Porque Peter ya había hecho los arreglos para la cuestión de su legado. Así era Peter. Siempre, un paso más adelante que todos nosotros.

Dos meses más tarde, Peter F. Drucker mi amigo y mentor, murió.

Y aquí va el resto de la historia.

2 CUÍDATE DEL HOMBRE QUE MONTA EL CABALLO BLANCO

«No hay siglo que haya visto líderes más carismáticos que el veinte. Y no ha habido líderes políticos que hayan hecho mayor daño que los cuatro gigantes del siglo veinte: Stalin, Mussolini, Hitler y Mao».

—PETER DRUCKER

PENSÉ QUE CONOCÍA muy bien a Peter, pero no fue hasta el día en que leí los obituarios que empezaron a publicar los periódicos que supe cómo habían sido sus inicios. A partir de esos relatos y otros más, me pareció evidente que en muchos aspectos había nacido en el lugar indicado en el momento justo.

En 1909 Viena era reconocida como el eje intelectual de Europa y quizá del mundo entero. Los padres de Peter, Caroline y Adolph, que era un importante funcionario del imperio austrohúngaro, viajaban y se relacionaban sin problemas con las élites de su época. De hecho, su hogar en la tranquila avenida Kaasgrabengasse en el barrio vienés de Döbling, era símbolo de la tradición de la alta sociedad de Europa. Unas dos o tres veces por semana sus padres organizaban reuniones con funcionarios del estado, médicos, científicos, músicos y escritores. Se conversaba sobre una asombrosa variedad de temas. Y Peter, que luego sería un verdadero polímata, lo fue absorbiendo todo.

Sigmund Freud, conocido luego como el «padre del sicoanálisis» era contemporáneo de sus padres. Peter tenía ocho años cuando conoció a Freud y recordaba lo que su padre le había dicho esa misma tarde, poco después: «Recuerda que hoy has conocido al hombre más importante de Austria y tal vez de Europa». Fue una ironía que Peter fuera reconocido y célebre tiempo después como «padre de la administración y la gestión para nuestros tiempos modernos», título que para él no tenía gran importancia.

A los dieciocho años Peter dejó Austria para ir a Alemania, donde estudiaría leyes en la Universidad de Frankfurt. Su privilegiada infancia había servido de combustible para su típica curiosidad intelectual y los años que pasó en Alemania promovieron en él una continua sospecha hacia el poder gracias a un compatriota suyo que empezaba a dejar su huella en Alemania: Adolf Hitler.

Corría el año 1927, siete desde de que Hitler convenciera al Partido Obrero Alemán de que cambiara su nombre y pasara a llamarse Partido Nacional Socialista Obrero Alemán, conocido luego por el mote de Partido Nazi. Desde que enviaron a Hitler a espiar al Partido Obrero Alemán en 1919, su carisma y aptitud como orador habían fogoneado el crecimiento del partido, y el surgimiento de él mismo como líder. Era tal su atractivo que el Partido Obrero pasó de tener veinticinco miembros en 1919 a más de dos mil en 1920.

Para 1921 Hitler había desplazado a Anton Drexler, y desde entonces sería él quien liderara el partido. En los años siguientes Hitler fomentaría el disenso contra el gobierno alemán, pasaría un año en prisión y escribiría allí su libro *Mi lucha*. Daría comienzo a partir de entonces a una campaña sistemática y muy fuerte por convertirse en Canciller, a los cuarenta y cuatro años.

Peter llegó a Frankfurt más o menos al mismo tiempo en que Hitler organizaba su primera reunión de los nazis en Berlín. Para costear sus gastos Peter trabajaba como aprendiz en una firma de agentes de bolsa. Con el advenimiento de la Gran Depresión, vio con creciente alarma que Hitler y su máquina de propaganda iban consolidándose en el poder. Peter reconoció la amenaza que representaba el carismático «salvador» que buscaba formar un fuerte gobierno centralizado apelando a los miedos de una nación que se enfrentaba al caos económico y social.

> Peter llegó a Frankfurt más o menos al mismo tiempo en que Hitler organizaba su primera reunión de los nazis en Berlín… Peter reconoció la amenaza que representaba el carismático «salvador».

También fue durante esa época que Peter demostró su habilidad como periodista, llegando a ser uno de los editores del periódico *Frankfurter General-Anzeiger*, cuya circulación era de medio millón de ejemplares diarios. Su responsabilidad principal en el periódico era la cobertura de temas sobre economía y asuntos extranjeros, pero a menudo asistía a las masivas marchas políticas que había en Frankfurt y cubría las noticias de Hitler cuando visitaba la ciudad. Aunque muchos de sus contemporáneos descartaban la idea de que Hitler fuera un extremista que quería hacer política, Peter sí lo tomaba en serio. Y cuando los nazis pudieron calar en la sociedad, parece que ellos también empezaron a tomar en serio a Peter. En 1933, este publicó un panfleto sobre Friedrich Julius Stahl, un importante filósofo conservador alemán, cuyo texto ofendió tanto a los nazis que promovieron y lograron convocar a una quema pública de su panfleto. Tal vez, como preanuncio de su tenaz convicción de hacer lo correcto, cuatro años después Peter publicó otro panfleto, *Die Judenfrage in Deutchsland* [La cuestión de los judíos en Alemania], que los nazis recibieron de manera similar.

Poco después de que se prohibiera su segundo panfleto, Peter se mudó a Londres y para 1937 había emigrado ya a los Estados Unidos. Sin embargo, su breve estadía en Alemania había contribuido a dar forma a su pensamiento sobre la administración y la gestión porque, como reflexionaría después, a menos que trabajen eficazmente todos los sectores de la sociedad lo seguro es que la tiranía llene el vacío. «Que nuestras instituciones funcionen con responsabilidad y autonomía, con alto rendimiento, es la única salvaguardia de la libertad y de la dignidad en la pluralista sociedad de las instituciones», escribió entonces. «El rendimiento y la administración responsables son la alternativa a la tiranía, y son también lo único que nos protege de ella».

ADMINISTRAR PARA VIVIR

Sería un error pensar en Peter solo en el contexto de la administración y la gestión, porque no veríamos cuál fue su mayor aporte a la sociedad. Peter rechazaba las etiquetas con que la gente solía describirlo, se veía más como escritor que otra cosa. En los inicios de su carrera académica enseñó política y filosofía en la escuela universitaria de Bennington, en Vermont. Y años después, en 1943, dio inicio a un estudio sistemático de General Motors, que culminó en la publicación de su famoso libro *Concept of the Corporation* [El concepto de la corporación]. Luego pasó a la Facultad de Negocios de la Universidad de Nueva York y tiempo después oyó decir a un austríaco compatriota suyo, el economista Joseph Schumpeter, algo que cambiaría la trayectoria de su vida: «Sé que no basta con que te recuerden por los libros y las teorías. No podrás establecer una diferencia a menos que la marques en las vidas de las personas».

Y, en realidad, Peter Drucker fue eso: marcó la diferencia. Siempre tenía en mente la imagen general, aunque su ámbito específico fuera el mundo de los negocios. «Ninguna de nuestras instituciones existe aislada de lo demás, ni es un fin en sí misma», escribió en su libro *Management*. «Todos somos órganos de la sociedad, y existimos por el bien de la misma. Los negocios no son la excepción. La libre empresa no puede justificarse por ser algo bueno para los negocios. Solo puede justificarse si es buena para la sociedad».

A pesar de que su interés en la gestión y la administración era tan intenso y de que conformaba el centro de su profesión, Peter creía que las corporaciones —tanto las que surgían rápido como las instituciones más importantes— tenían que ser efectivas y responsables para que la sociedad pudiera operar. El fracaso de las instituciones alemanas en la década de 1930 le abrió la puerta a un líder carismático que prometía arreglar la sociedad. «Cuídate del hombre montado en el caballo blanco», solía advertir Peter. Había sido testigo presencial del daño que esos salvadores pueden infligir a una sociedad que está en problemas: «No hay siglo que haya visto líderes más carismáticos que el veinte. Y no ha habido líderes políticos que hayan hecho mayor daño que los cuatro gigantes del siglo veinte: Stalin, Mussolini, Hitler, y Mao», declaró en *The New Realities*.

> A pesar de que su interés en la gestión y la administración era tan intenso y de que conformaba el centro de su profesión, Peter creía que las corporaciones —tanto las que surgían rápido como las instituciones más importantes— tenían que ser efectivas y responsables para que la sociedad pudiera operar.

La mejor forma de vacunarse contra ese tipo de destrucción, según Peter, es ayudar a la gente a sacar lo mejor de sí para beneficio propio y de los demás. La administración solo resultó ser la disciplina que él había elegido y en la que buscaría hacer justamente eso. Es interesante que su texto más famoso, *The Practice of management* [Práctica de la administración], fuera no tanto una movida estratégica sino más bien una obra que escribió para satisfacer una necesidad. Había muchísimos libros por allí en ese momento sobre los aspectos individuales de la administración y la gestión, sobre cómo ser gerente de finanzas, de recursos humanos y más. Cada uno de ellos «me recordaba a algún libro de anatomía humana que hablara de una sola articulación, como el codo por ejemplo, sin mencionar al brazo, al esqueleto o los músculos», diría luego Drucker. *The Practice of Management* fue el primero en hablar del conjunto. Presentaba los fundamentos de la disciplina de la administración y lanzó a Peter como escritor, maestro y consultor.

Después de pasar veintiún años enseñando en la Universidad de Nueva York, Peter se mudó a California donde fue profesor de ciencias sociales y administración o *management* en la Escuela universitaria de Claremont. Continuó con su prolífica carrera como autor, fue consejero de muchas empresas como General Electric, Procter & Gamble, Coca-Cola y también de una pequeña empresa familiar con sede en Tyler, Texas... Buford Television Inc.

3

EL PRIMER ENCUENTRO

«El principal aporte de Drucker no ha sido una idea en particular sino más bien todo un conjunto de obras con una gigantesca ventaja: casi todo lo que hay allí es esencialmente correcto. Drucker tiene la inquietante capacidad de crear lecciones sobre cómo funciona el mundo social y luego la historia muestra que tenía razón».

—JIM COLLINS

ME MIRÉ AL espejo una vez más y tomé mi portafolios. Me sentía como Dorothy y el hombre de hojalata cuando se preparan para ir al castillo del Mago de Oz. Solo que Peter no era un cuento, no era un hombrecito detrás de una cortina. Resultó ser más real de lo que yo imaginaba.

Caminé hacia el lugar de reunión desde el Griswold's, un hotel de estilo español, bastante viejo y ubicado en California sobre un terreno de bellos jardines, a unas cuatro cuadras de la casa de Peter. Hacía calor en California, pero para esa ocasión yo me había vestido con mi mejor traje grueso de otoño, de tela a rayitas, con una corbata prolijamente anudada, nada cómoda. Yo tenía cuarenta y dos años en ese momento.

Diez años antes, siendo muy joven, todo el peso de la empresa familiar había caído sobre mis hombros. Mamá, pionera fundadora de una compañía de televisión, había muerto en un incendio de un hotel. En realidad, se había tratado de un incendio que solo destruyó una habitación del Hotel Fairmont de Dallas, como resultado del recalentamiento de una bandeja salvaplatos esa noche. Un oficial de la policía se presentó en mi casa y allí, en la puerta, me informó que mi madre había fallecido.

Yo era el mayor de tres hermanos varones y desde ese momento, sería el mayor de la familia. Había decidido que iba a hacer dinero en el negocio de la televisión, aprovechando el insaciable apetito de los estadounidenses por los programas de televisión que habían hecho ricos a tantos tipos, por lo que me incluiría en ese grupo.

Mi objetivo, partiendo de una base pequeña, era crecer más en términos porcentuales que todas las compañías del sector que cotizaban en bolsa. Y lo que sucedió fue precisamente eso. Desde 1971, el año en que murió mi madre, el valor de mercado de mi compañía creció más del veinticinco por ciento anual en un período de doce años. Para un joven ejecutivo, era algo así como una borrachera. No hace mucho leí que solo el uno por ciento de las empresas crecen a tasas de más del quince por ciento al año durante diez años seguidos. En mi caso, hubo decisión mía pero también, fortuna.

No quiero adelantarme. Esa mañana mientras caminaba respirando el aire puro (más puro que el de ahora), pude ver por qué la gente se mudaba a California. El clima era perfecto, bellísimo, de película. Los jardines se veían preciosos, como nunca podrían verse bajo el tórrido sol de Texas. En esos jardines, ese césped, había cierta sensación de orgullo. Me sentí ansioso, lleno de expectativa y anhelos.

ALMA GEMELA INTELECTUAL

Mi admiración por Peter Drucker se basaba completamente en sus ideas. Yo era un gerente administrador joven e ingenioso; leía todo lo que caía en mis manos, buscando siempre ese principio esencial que nos ayudara a sostener nuestro crecimiento tan notable. De lo que leía, había mucho que me parecía de «moda», más pensado como para vender libros que para guiar conductas (¿Recuerda alguien a Robert Townsend, de Avis?). También abundaban en las librerías los volúmenes con contenido sicológico pop superficial; además, podías pagar para asistir a una cantidad de seminarios que se ofrecían en los Holiday Inn de casi cualquier localidad. Eran modas. Pan para hoy, hambre para mañana. Era como comer algodón de azúcar en una de esas ferias a las que vas antes de ir al juego de Texas-Oklahoma, un ritual que me importaba mucho todos los meses de octubre. El juego era algo mítico, lo recordabas por siempre. Pero el algodón de azúcar se te evaporaba en la boca, con ese dulzor pegajoso que desaparecía en apenas un momento.

Los libros de Peter eran distintos, de una magnitud muy diferente. Porque surgían de la observación de la sociedad, eran asombrosos, y por eso Peter se veía tanto más grande que los demás.

Yo había seguido acumulando los distintos artículos del *Harvard Business Review*, pero hacía rato que leía solamente los que escribía Peter Drucker.

Seguir los sabios principios de Peter era algo así como invertir en un fondo de inversión indexado. No siempre tendría razón, pero le ganaba al mercado el ochenta por ciento de las veces.

Las ideas de Peter y su pensamiento tan basado en principios, me parecían tan sólidos como el granito. Escribía desde una perspectiva que me brindaba la estructura de acero sobre la que podía desarrollar los negocios, que me guiaba por un camino que eludía todos esos conceptos de moda, enmarañados y pasajeros.

Peter tenía autoridad. Fuerza de gravedad. Enseñaba, daba perspectiva y contexto donde tantos otros hablaban solo de la mecánica y los cálculos. Pero más que eso, las ideas de Peter sobre cómo tratar el lado *humano* de la empresa, me llegaban al corazón. Yo era un tipo con moral, aunque no era moralista. Y me basaba en ideas, pero no era ideológico.

> Las ideas de Peter y su pensamiento tan basado en principios, me parecían tan sólidos como el granito. Escribía desde una perspectiva que me brindaba una estructura de acero sobre la que podía desarrollar los negocios, que me guiaba por un camino que eludía todos esos conceptos de moda, enmarañados y pasajeros.

Hallaba en Peter a mi alma gemela intelectual. Es que en todos los niveles me parecía coincidir con lo que para mí era importante: en lo intelectual, lo espiritual y lo práctico. Por ejemplo, lo que decía sobre la riqueza y el dinero era lo mismo que yo pensaba, aunque fuera contra la corriente de lo cultural en ese entonces (y también ahora).

Él veía el dinero como algo necesario para financiar un negocio que crece y brinda servicio a los clientes, no como el propósito que se busca para acumular riqueza. Incluso entonces, antes de que nadie ocupara Wall Street o clamara por el «uno por ciento», Peter encontraba que la riqueza por la riqueza misma era algo obsceno. Y aunque nunca lo decía en esos términos, su visión de la riqueza se me parecía a las advertencias bíblicas en cuanto a la naturaleza seductora del dinero.

A través de lo que Peter escribía yo había empezado a entender los principios fundamentales de la comprensión de la interacción humana. No se trataba de títulos o encabezados nada más, sino de cosas que vas asumiendo, puntos que a lo largo de los siglos habían constituido la sustancia de las cosas. Esos principios me servirían después para probar la validez de otras cosas. Algún tiempo más tarde, en sus palabras preliminares a *The Daily Drucker,* mi amigo y exitoso autor de libros de administración Jim Collins, dijo:

El principal aporte de Drucker no ha sido una idea en particular sino más bien todo un conjunto de obras con una gigantesca ventaja: casi todo lo que hay allí es esencialmente correcto. Drucker tiene la inquietante capacidad de

crear lecciones sobre cómo funciona el mundo social y luego
la historia muestra que tenía razón.

Eso fue *exactamente* lo que descubrí. En los últimos diez años había buscado incansablemente todo lo que Peter tuviera que decir. Y cuanto más leía, más evidente se hacía en mi mente que su sabiduría no tenía igual. Hice entonces lo que haría cualquier tipo de cuarenta y un años de una pequeña ciudad de Texas que dirige una compañía que no llega a estar en la escala de General Motors o Procter & Gamble: me senté y le escribí una carta a ese gigante, preguntándole si me ayudaría con mi empresa.

Jamás se me ocurrió que en verdad Peter Drucker pudiera tener cosas más importantes que hacer. Ese tipo de confianza en lo que hago se lo debo a mi madre, que sabía correr riesgos y se dedicaba con determinación y energías a alcanzar el éxito en los negocios al tiempo que me criaba con el don de la seguridad y la confianza en mí mismo. Cuando estaba en la escuela secundaria, me presentaba en todas partes como «el mejor *wing* [ala] izquierdo del mundo». Y la verdad era que, aunque me gané un buen puesto de inicio en mi último año, como jugador de futbol yo no era gran cosa. Pero me encantaba oír que me presentara de esa manera y ese tipo de frases me brindaron la afirmación, inspiración y *chutzpah*[2] como para escribirle a Peter.

Puedes imaginar entonces cómo me sentía en esa mañana soleada en Pasadena, cuando me dirigía a la casa de Peter F.

---

2 N. de T. Chutzpah: audacia, descaro, valentía desmedida. http://www.oxforddictionaries.com/es/traducir/ingles-espanol/chutzpah

Drucker. Su presencia en lo que escribía había sido para mí casi como la de una deidad (algo que con toda claridad fue argumento de una fuerte advertencia de su parte). Sentía que su autoridad era casi bíblica. Con ello me refiero a que había algo liberador en eso de encontrar una nueva fuente de inspiración: decidí que confiaría en la Biblia como referencia espiritual y en Peter como referencia para mi organización. Por eso no me preocupaba en absoluto la corrección moral y la práctica de esas dos referencias tan confiables. Podía centrarme en la ejecución de las cosas en vez de estar mirando siempre sobre mi hombro, preguntándome si los principios y conceptos eran correctos. Podía concentrarme en obtener resultados y rendimiento, dentro de los límites de esas dos fuentes de inspiración: la espiritual (trascendente), y la práctica (contemporánea). Lo que más me asombraba es que nunca encontré que ambas no estuviesen sincronizadas.

> Sentía que su autoridad era casi bíblica. Con ello me refiero a que había algo liberador en eso de encontrar una nueva fuente de inspiración: decidí que confiaría en la Biblia como referencia espiritual y en Peter como referencia para mi organización

Ya había oído hablar a Peter en seminarios públicos. Siempre había imaginado que si yo hubiese sido Moisés, en suelo sagrado y encantado ante una zarza ardiente mientras escuchaba la profecía que como trueno llegaba desde el cielo, la voz habría tenido el tono profundo y resonante, con acento europeo, igual a la de Peter. En las pocas ocasiones en que había podido vivir y experimentar a Peter (y estoy usando las palabras exactas) de antemano, y en todas aquellas en las que participé después, había algo mágico en él. La gente se sentaba, escuchándolo absorta y con mucha atención, transfigurada por la *gestalt* de ese hombre. Si hasta se habría oído caer un alfiler. Casi temían respirar mientras le escuchaban. Y lo que nos cautivaba era la sustancia de lo que decía, no ningún recurso de oratoria teatral.

UN SANTUARIO INTERIOR HUMILDE

Al fin iba a conocer en persona a esa gran presencia en mi vida. Sentía una mezcla de entusiasmo y anhelo, con un leve toque de intimidación. Era casi demasiado bueno como para ser cierto. Era la persona cuya opinión había determinado tanto de lo que había hecho en mi vida. Le había escrito y reescrito —hice ocho copias en borrador antes de la carta definitiva— una misiva en la que le pedía una cita como consultor. Supongo que no esperaba que en realidad me diera una respuesta positiva. Porque después de todo, yo era el director ejecutivo o presidente de una empresa familiar muy pequeña y privada (*muy* privada) de la que nadie sabía absolutamente nada. Era joven, relativamente sin experiencia, y le estaba pidiendo ayuda a un hombre al que acudía gente como Jack Welch. Peter era el pensador seminal en el campo de la administración y la gestión, lo que llamamos *management*, y gozaba del respeto de todo el mundo. ¿Quién era yo para pensar que leería siquiera mi carta? ¡Y ni hablar de que me invitara a pasar un día en su casa!

La primera sorpresa fue que hiciera precisamente eso. Y la segunda fue su hogar. Casi lo paso de largo, por cierto, no lo habría distinguido de entre otras casas poco ostentosas en la misma calle si no hubiera tenido la dirección exacta. Había dos autos japoneses medianos en la entrada al garaje. Supe luego que ni siquiera tenía una oficina, con la excepción de un segundo dormitorio que habían modificado dentro de esa casa agradable aunque poco excepcional en las afueras de la ciudad.

Llamé a la puerta y el timbre sonó como si fuera la alarma de los bomberos (Peter era medio sordo). Después de un momento oí que alguien se acercaba, y una voz dijo: «Ya voy, ya voy».

En el enorme buzón de color rojo brillante que había en el zaguán junto a la puerta había una cantidad de cartas y correspondencia. Se abrió la puerta. Peter extendió la mano y me recibió con un cálido: «Pase, pase, señor Buford». Muy europeo y cortés. Nadie me llamaba «señor Buford» con excepción de un vicepresidente del banco local que me había llamado años antes para decirme que mi cuenta estaba sobregirada y que por favor depositara dinero de inmediato.

Ahí estaba yo, entonces. Dentro del santuario interior. Peter me guió hasta un patio que había al fondo de la casa y que daba a una pequeña piscina. Me senté en una silla de mimbre que debía ser de la década de 1950 y que crujió cuando me acomodé frente a Peter. No había en medio un escritorio que interfiriera, así que mi primera sesión de consultoría empezó con estas palabras: «Bienvenido, señor Buford, ¿de qué vamos a hablar?».

Desesperado por mi temor a desaprovechar la oportunidad, fui directo a lo que tenía que decir. Peter escuchó con paciencia, formuló muchas preguntas; se veía verdaderamente interesado en mi pequeña empresa familiar. Me hizo sentir cómodo de inmediato, eliminando toda inseguridad o sensación de que yo no tenía nada que hacer en ese lugar. El tiempo pasó demasiado rápido y finalmente, con toda educación, Peter me acompañó a la puerta de la casa y me saludó con toda cortesía.

Volví a mi hotel, casi dando saltos de alegría. Estaba con la adrenalina al máximo después de conocer al hombre que tanto admiraba, pero más que eso, porque había mostrado interés por mi negocio. No podía haber sabido en ese momento que la reunión sería el inicio de una relación que continuaría durante los siguientes veintitrés años. Lo único que sabía era que acababa de pasar un día excepcional con Peter F. Drucker.

Lo irónico es que los consejos de Peter en la siguiente reunión y mi propio entusiasmo por entrar en lo que se llamaba entonces televisión por suscripción, me llevaron a perder un millón de dólares. Dicho en términos generales, como regla uno suele evitar a los consultores cuyos consejos te hacen perder dinero. Pero la verdad es que sentía impaciencia porque llegara el día de nuestra siguiente reunión.

4 SOLO NEGOCIOS

*«Por lo general empieza como a mil años
de lo que se está tratando y recorre un
camino serpenteante, largo, que al fin llega
exactamente al tema. Usa ilustraciones de
distintas disciplinas para echar luz sobre
lo que quiere enseñar y cada una de las
historias se apoya en la anterior. Quiere que
pienses en tu situación dentro del contexto».*

—FRED SMITH

EN LOS AÑOS siguientes el patrón de los encuentros fue más o
menos el mismo. A medida que se acercaba la fecha de nuestra
siguiente reunión, Peter me invitaba a escribirle una larga carta en
la que describiera lo que fuese que quería conversar con él. Esa
carta servía de orden del día, como agenda. Siempre me tomé la
tarea en serio, anotaba mis ideas y pensamientos en un borrador,
para revisarlos y editarlos hasta tener el texto definitivo, que luego
entregaba a mi asistente para que lo escribiera a máquina —sí, no
había computadoras entonces— antes de enviarlo a Mount Olym-
pus por correo.

Después conducía mi auto desde Tyler hasta Dallas, y lo apar-
caba en una de las cavernosas estructuras del estacionamiento del
aeropuerto Dallas Fort Worth, para tomar el bus hasta la terminal,

abordar mi avión hasta el aeropuerto de Ontario, California, donde rentaba un auto y conducía veinte minutos hasta el Hotel Griswold, donde me registraba en la recepción y luego recorría a pie las cuatro cuadras hasta el número 636 del Camino Wellesley, antes de hacer sonar aquel timbre estruendoso. Mientras iba hasta allí casi siempre me detenía en la floristería Sherwood y le compraba a Doris una maceta con una orquídea. Ella tenía un jardincito de orquídeas, por lo que eso se fue convirtiendo en un ritual, muy nuestro.

Peter siempre me saludaba con su buen genio y me hacía sentir como si de veras hubiese estado esperando ansioso esos momentos que compartíamos, como si yo fuera su cliente más importante. Era parecido a la afirmación que me brindaba mi madre cuando hacía alarde ante todos de lo bueno que era yo como futbolista. Ninguno de los dos lo hacía por actuar, sino que eran sinceros; porque así como mi madre creía en mí más que yo mismo, Peter me trataba como si yo fuera igual de importante que Jack Welch, y en muchos aspectos ocupaba el lugar del padre al que nunca pude llegar a conocer de verdad.

UNA CONSULTA Y UN SÁNDWICH

Doris siempre me recibía junto a su esposo en la entrada de la casa, pero después desaparecía en el interior, y tras preguntarme cómo estaban mi esposa Linda y mi hijo Ross, Peter me indicaba con una seña que nos sentáramos en la sala de su casa, acogedora aunque con pocos muebles. Jamás lo mencionó, pero yo veía con claridad que el interés que mostraba por mí como persona, más allá de los negocios, era un ejemplo de cómo ponía en práctica lo que predicaba siempre: yo era un cliente, y lo que más le importaba era conocerme y entenderme, interesarse por mí como persona antes de tener derecho alguno a tratar de ayudarme.

Cerca del mediodía Doris nos traía unos sándwiches y luego volvía a desaparecer, mientras seguíamos conversando durante el almuerzo. Los sándwiches preparados por Doris eran siempre iguales, memorables. Un trozo de pan, quizá con un poco de manteca untada. Y algo de carne, no demasiado. Finalmente, otro pedazo de pan untado con manteca. Eso era todo, pero siempre era suficiente y además ¿quién habría adivinado que una sesión de consultoría con Peter Drucker venía acompañada de un sándwich preparado por su esposa?

A veces variábamos la rutina del almuerzo e íbamos al restaurante Rillo's, en Pomona, cerca de su casa. Eso me produce un recuerdo que me asusta porque fue en una de esas salidas que casi mato a Peter. Una de las lecciones no convencionales que aprendí de él fue que uno en realidad no puede hacer dos cosas a la vez. Jamás se tragó todas esas cosas sobre lo que llaman «multitareas», y su convicción se vio confirmada porque casi chocamos. A partir de entonces, yo también me convencí de lo mismo.

Iba conduciendo hacia Rillo's en dirección al este y conversando con Peter todo el tiempo. Estaba tan inmiscuido en la charla que ni siquiera vi el auto que venía desde el oeste. Tenía que virar a la izquierda y el conductor del otro auto no tuvo tiempo de reaccionar. Peter vio lo que estaba por suceder y dio un grito que me hizo advertir lo que pasaba. Pisé el acelerador y entré al estacionamiento del restaurante como si condujera un auto de carrera, pero logré con eso evitar el choque por apenas unos centímetros.

Peter no dijo nada al respecto, pero yo temblaba pensando en todo lo que podría haber pasado. Si no hubiera dado ese grito, si yo no hubiera reaccionado, el conductor habría chocado a muy alta velocidad contra el lado del pasajero de mi auto rentado, matando al tipo más inteligente del planeta, gracias a mí. Lo más probable es que yo solo habría salido lastimado, pero Peter habría quedado bien muerto.

> En ese momento yo no pensaba necesariamente en una amistad, sino en el éxito solamente; unas pocas sesiones con Peter Drucker seguramente me ayudarían a encontrar cómo lograr que mi empresa creciera unos puntos porcentuales más.

Por dicha sobrevivió, lo mismo que nuestra relación. En esas primeras reuniones anuales solo hablamos de negocios, lo que para mí estaba bien. En ese momento yo no pensaba necesariamente en una amistad, sino en el éxito solamente; unas pocas sesiones con Peter Drucker seguro me ayudarían a encontrar cómo lograr que mi empresa creciera unos puntos porcentuales más. Lo que aprendí muy pronto es que Peter no era un técnico y que por eso no le interesaban las mediciones prácticas que se hacen del crecimiento de la riqueza. Yo estaba seguro de que le importaba el éxito de mi compañía pero no recuerdo que me pidiera ver los balances, ni que pasáramos mucho tiempo planificando estrategias como se esperaría de un consultor bien pagado y altamente respetado. Más bien, Peter iba elevando el nivel de la historia, y desviaba mi atención de los engranajes de la administración de negocios, para centrarse en cambio en el horizonte más amplio de cosas como el carácter moral, la visión y la responsabilidad.

PREGUNTAS TRAS LA GRAN PREGUNTA

En esas reuniones anuales de nuestros comienzos Peter se sentaba en su sillón de mimbre preferido. Tomaba la carta que yo le había enviado y la repasaba durante unos segundos para refrescar la memoria. Después empezaba a hablar, lentamente, con su marcado acento austríaco. Empezaba por alguna pregunta o tema que yo hubiera resaltado en la carta, pero pronto se desviaba a lo que en ese momento me parecía algo que no tenía nada que ver. Y justo cuando me parecía que encontraba el sentido de la relación, pasaba a otra cosa, y a otra, y luego a otra. Así seguía, hasta que de alguna forma lograba cerrar el círculo y volvía a mi pregunta original. Para ese momento, yo había logrado ver que todo tenía sentido y que a pesar de los meandros y desvíos de su respuesta, siempre sabía adónde quería llegar, y lo más importante, por qué. Me asombraba que supiera tanto sobre tantas cosas, y eso influyó en mi decisión de estudiar historia y literatura a lo largo de los años, toda mi vida.

Mi amigo Fred Smith describió una vez la forma en que Peter respondía a las preguntas: «Por lo general empieza como a mil años de lo que sea que se está tratando y recorre un camino serpenteante, largo, que al fin llega exactamente al tema. Usa ilustraciones de distintas disciplinas para echar luz sobre lo que quiere enseñar, y cada una de las historias se apoya en la anterior. Quiere que pienses en tu situación dentro del contexto».

Después de apenas un instante de imaginarme en el número 30 del Rockefeller Center, me di cuenta de que Peter en realidad no me estaba alentando a que actualizara mi *currículum vitae*. Lo que me estaba diciendo, y lo había estado haciendo durante los últimos cuarenta y cinco minutos más o menos, era instilar en mí el valor que sabía me haría falta para poder dirigir con éxito mi empresa familiar. No sé cómo logró ver la pregunta que había detrás de mi pregunta, que probablemente tenía que ver con una inseguridad latente nacida de mi sensación de que me sentía como un pez gordo sin espacio para nadar en un estanque pequeño. ¿Tenía en realidad lo que hacía falta para poder mantener mi empresa al frente, aunque creciera tan rápido?

Así era Peter. Cuando empezaba a hablar te parecía que no había entendido bien tu pregunta, pero para cuando terminaba, veías que había hecho más que responderla solamente. Te mostraba la razón por la que formulabas tu pregunta. Te la mostraba llegando al centro mismo de lo que no habías logrado ver hasta que él daba toda la vuelta y conectaba todos esos puntos que pensabas que nada tenían que ver entre sí.

Además, Peter podía ser muy directo. En una de nuestras reuniones periódicas, Peter sugirió que dedicara algo de tiempo a pensar en mis metas personales, no las de mi empresa, sino las de mi vida. Así que la siguiente vez que nos vimos yo había preparado mi lista de seis objetivos para mí. Estaba decidido a mostrarle al profesor que me tomaba en serio las tareas que me indicaba, y empecé a recitarlas: ganar determinada cantidad de dinero… seguir casado con mi esposa Linda… servir a Dios sirviendo a los demás… crecer cultural e intelectualmente… instilar en nuestro hijo Ross una alta autoestima… y en ese momento Peter me interrumpió de manera un tanto abrupta.

> Cuando empezaba a hablar te parecía que no había entendido bien tu pregunta, pero para cuando terminaba veías que había hecho más que responderla solamente. Te mostraba la razón por la que formulabas tu pregunta.

«¡No puedes establecer metas para los demás!, —declaró con autoridad—. Solo puedes hacerlo para ti mismo, lo cual podría incluir de qué forma quieres tratar a Ross. Pero solo él podrá determinar sus propios objetivos. Ni tú ni nadie más pueden hacerlo».

Por supuesto, tenía toda la razón y es probable que me haya protegido del tipo de temor y frustración que sentimos los progenitores con buenas intenciones cuando tratamos de trasladar nuestras metas a la vida de nuestros hijos. Mis intenciones, quiero pensar, eran nobles y prácticas. Ross era hijo único y muy probablemente sería mi sucesor. Como padre, naturalmente, quería lo mejor para él. ¿Qué padre no quiere eso? Y como estaba a cargo de la empresa familiar, yo quería que quedara en manos competentes. Ross era una persona que prometía mucho, pero Peter se encargó de señalar que él mismo tendría que tomar sus propias decisiones.

GANAR POR MEDIO DE LA PÉRDIDA

Según resultaron las cosas, Ross no nos dio razones para dudar de su capacidad para dirigir la empresa y, además, que alcanzara un éxito mayor del que había logrado su padre. Después de graduarse de la Universidad Cristiana de Texas se mudó a Denver, donde trabajaría como banquero de inversiones. En 1986, su primer año, ganó 150,000.00 dólares y en los inicios de su segundo año en el campo de los negocios, iba camino a lograr un aumento en sus ingresos superior al medio millón de dólares. Lo que más me importaba era el hecho de que mi hijo era un ser humano bueno a quien el éxito económico no se le subía a la cabeza, una persona bendecida con un buen corazón hacia los demás. Amaba la vida, con todos sus placeres y ambigüedades, por lo que Linda y yo fuimos siguiendo su transformación de niño a hombre con gratitud en el corazón. En muchos aspectos puede parecerte extraño pero, para mí, la realidad es que Ross era uno de mis mayores héroes.

Así que cuando en la noche del 3 de enero de 1987 mi hermano me llamó para decirme que Ross y dos de sus amigos habían tratado de cruzar a nado el Río Grande al sur de Texas y que habían desaparecido, volé hasta el lugar en donde los habían visto por última vez. Quería rescatar a mi héroe. Renté aviones, helicópteros, lanchas, perros de búsqueda, todo lo que el dinero pudiera comprar. Pero para las tres de la tarde de ese día, miré a los ojos a uno de los rescatistas y supe que jamás volvería a ver a Ross en esta vida.

Como escribí sobre eso en mi primer libro *Halftime*, fue algo de lo que no sabía cómo salir ni en sueños, ni siquiera comprando una salida. Lo único que podría ayudarme a salir adelante era *confiar*,

aceptar y absorber toda la bondad y la gracia que pudieran otor-
garme los demás en ese momento terrible.

Cuando se hizo evidente que Ross no volvería más, volé de
regreso a Tyler para estar con Linda. Y una de las primeras de
esas personas que me ofrecieron esa gracia que tanto necesitaba
fue Peter. No sé cómo se enteró de nuestra trágica pérdida, pero
me llamó. El sol del invierno estaba justo sobre el horizonte, y las
largas sombras parecían hacerse eco de la tristeza que me invadía,
cuando me senté para contestar su llamada. Durante unos minutos, mantuvimos una conversación intensamente personal, llena de
afecto y compasión, y pude ver que estaba casi tan triste como yo
porque habíamos perdido a Ross. Luego dijo algo que de tan sincero se destacó porque reflejaba exactamente lo que yo pensaba.

«¿No es terrible que haga falta un momento así para que tú y yo
hablemos como acabamos de hacerlo?».

> Empecé a ver qué era lo que hacía Peter y de qué
> se ocupaba. De lo que se ocupaba en realidad,
> lo que más le interesaba de la administración
> y la gestión, no era el negocio en sí sino las
> personas, la gente a la que el negocio le brinda
> un servicio, las personas en quienes influye.

Sin embargo, recién allí empecé a ver qué era lo que hacía
Peter y de qué se ocupaba. De lo que se ocupaba en realidad, lo
que más le interesaba de la administración y la gestión, no era

el negocio en sí sino las personas, la gente a la que el negocio le brinda un servicio, las personas en quienes influye.

Por primera vez en nuestra relación como cliente y consultor pude ver que a Peter yo le importaba tanto como ser humano como en mi calidad de joven y ambicioso emprendedor.

Fue entonces que empecé a verlo, ya no tanto como el célebre «padre de la administración y la gestión» sino como un ser humano más, aunque muy inusual.

5

EXTRAORDINARIA-MENTE COMÚN

«Los libros de negocios tratan acerca de las funciones y las estrategias, de la mecánica en cuanto a cómo dirigir una compañía exitosa. La ficción te enseña sobre los seres humanos: cómo piensan, cómo se comportan, qué es lo que les importa. Me interesa más la gente que la forma en que funcionan los negocios».

—PETER DRUCKER

EN MUCHOS ASPECTOS Peter era una anomalía. Por otra parte, tal vez fuera la persona más centrada que haya conocido en mi vida. Así como Shakespeare se enfocaba por completo en escribir esa gran cantidad de obras de teatro, o Mozart se concentraba en su música, Peter se veía ante todo como escritor y su disciplina en tal vocación era impresionante. Cuando murió a los 95 años, en 2005, estaba trabajando en su nuevo libro. Jamás permitió que las tentaciones del éxito o las exigencias de su agenda le quitaran tiempo para escribir.

Además de su esposa Doris y sus hijos, la escritura era el amor de su vida. Si no fuera así, ¿cómo te explicas los treinta y nueve libros e incontables artículos y ensayos que escribió para algunas de las publicaciones y periódicos más prestigiosos del mundo? Era incapaz de distraerse. No era fanático de los deportes. No miraba televisión. No jugaba al golf. No buscaba títulos o premios, que por otra parte tampoco le impresionaban. Pero no confundamos su ardor por su trabajo con esa enfermedad común de los ejecutivos que llamamos «trabajólicos» o adictos al trabajo. A diferencia de muchos de los capitanes de la industria que acudían a verlo como consultor, a Peter no le impulsaba el insaciable apetito del éxito (ni todo lo que este conlleva). Las regalías por las ventas de sus libros le darían recursos suficientes como para comprar una casa más grande y dedicarse a todas esas cosas a las que se dedican los ricos. Pero él tenía todo lo que necesitaba: una casa a pasos de su lugar de trabajo, y un trabajo que le permitía hacer lo que más le gustaba. Los horizontes mentales de Peter no tenían límites. Los ejemplos que utilizaba provenían de todos los siglos y de todos los continentes.

LA CACERÍA DEL GRAN HONGO

Hasta las «vacaciones» de Peter tenían algo de funcionales. Todos los veranos él, Doris y su grupito de nietos iban con una enorme caja de libros hasta las montañas Rocosas donde rentaba una cabaña rústica y sencilla en Estes Park. Era más por Doris que por él, porque a ella le encantaba salir a caminar por la montaña. A Peter, no tanto. Así que Doris salía a caminar mientras Peter se quedaba en la cabaña leyendo. Cuando terminaba un libro, lo desechaba o lo donaba a alguien, para no tener que volver a casa otra vez con la enorme caja de libros.

Eso no quiere decir que Peter solo se dedicara a trabajar sin divertirse para nada. Era un tipo que reía con gusto, incluso a expensas propias, lo cual sucedía a menudo porque Doris tenía un sentido del humor muy travieso. En uno de sus veraneos en Estes Park, por alguna razón, a Peter se le había ocurrido estudiar los hongos. Claro que no se conformaba con leer asiduamente un par de libros de texto universitarios. Para estudiar los hongos de veras tenía que salir al campo, recolectar hongos de todas las variedades posibles y llevarlos a la cabaña para seguir estudiándolos.

Un día Doris decidió acompañarlo. Condujo hasta el pueblo y buscó el espécimen perfecto en las tiendas: era un hongo comestible, pero de goma. No podía contener la risa mientras conducía de regreso. Aparcó el auto junto a la cabaña, luego avanzó por el sendero que recorría su esposo cuando salía a diario a buscar y recolectar hongos. Eligió un lugar conspicuo junto al sendero y, tomando un puñado de tierra, «plantó» el hongo de goma.

Por supuesto, al día siguiente Peter volvió apresurado de su paseo en el bosque, con su preciado trofeo en la mano. Doris se esforzó por seguirle la corriente pero finalmente no pudo aguantar la risa y estalló en una carcajada al ver que Peter trataba de cortar el hongo de goma con una cuchilla de la cocina. Cuando vio que había caído en la ingeniosa trampa rió con Doris. Y hacía lo mismo todos los 1 de abril desde que se casaron, a pesar de que todos los años la broma era la misma: Doris cosía sus pantalones de pijama de modo que quedaban las dos piernas pegadas. Y Peter siempre fingía ser sorprendido.

Más que cualquier otra persona que conozca, Peter vivía la buena vida, no tanto por el ocio o las comodidades que podía tener sino porque hacía exactamente lo que le gustaba. Esa sola lección basta como para que le imitemos. El trabajo que disfrutas y que efectúa un aporte a un bien mayor, debiera bastar como para que seamos felices.

> Más que cualquier otra persona que conozca, Peter vivía la buena vida, no tanto por el ocio o las comodidades que podía tener, sino porque hacía exactamente lo que le gustaba.

Peter era un pensador original, un tipo fuera de serie, que se había forjado a sí mismo, de esa clase de gente que aparece cada dos o tres siglos nada más. Puede parecerte demasiado halagador pero, en mi opinión, Peter era a la administración y la gestión lo que Shakespeare a la literatura. Era un infatigable observador de la naturaleza humana y de la interacción de los seres humanos entre sí y su relación con las circunstancias. Y lo que observaba, lo anotaba. Sobre eso escribía. Sus libros se destacaban entre los que suelen llamarse textos académicos de la administración porque no tenían notas al pie. Con eso se notaba su desdén por gran parte de lo que publicaban los académicos. Una vez dijo que una de las publicaciones académicas más prestigiosas de los Estados Unidos era «algo que escribía gente que no sabe escribir para un público que no lee». Pocas veces hablaba de ello, pero las universidades y facultades lo denigraban con frecuencia, y su nombre casi nunca aparecía en las listas de disertantes y profesores adjuntos. Sé que le molestaba que la comunidad académica le ignorara de ese modo, pero no se enojaba. Tuvo su revancha, sencillamente porque siguió por el camino positivo de su trabajo toda la vida, influyendo en al menos dos generaciones de ejecutivos y emprendedores de los sectores público, privado y sin fines de lucro.

UNA MÁQUINA DE ESCRIBIR Y ALGUNAS ESTAMPILLAS

Lo que más me asombraba de su prolífica producción era que prácticamente solo necesitaba escribir un borrador que casi siempre acababa como la copia definitiva. Y sin usar computadora. Todo era con el golpeteo de las teclas de su vieja máquina de escribir marca Brother. Entregaba su manuscrito a un editor que apenas tenía que corregir algunas cosas antes de que se enviara el texto final a la imprenta. Una vez mientras almorzábamos en Rillo's corrigió un artículo que había escrito esa mañana para el *Wall Street Journal*. Solo tuvo que repasarlo a mano mientras comíamos, antes de en-viarlo a Nueva York.

Además de escribir también trabajaba con estudiantes de maestría en Administración de Empresas, de Claremont, y era consultor de compañías del grupo de *Fortune 500*, además de que aceptaba invitaciones de gente del mundo entero que esperaban que tuviera oportunidad en su ocupada agenda para dar alguna disertación. Y sin embargo, hasta donde yo sé, jamás tuvo una oficina que no fuera esa sala pequeña que vi en su casa. No creo que le haya oído decir la palabra *teletrabajo* pero fue un pionero del movimiento del «trabaje desde casa». Cuando necesitaba copias de un artículo que había escrito, o de una tarea que les daría a sus alumnos, caminaba hasta el local cercano de Kinko (hoy, FedEx), tomaba el dispositivo en forma de cartucho, lo ponía en su lugar en una impresora, imprimía sus coipas y luego dejaba el cartucho sobre el mostrador para que el empleado le cobrara las copias que había hecho.

La idea de que Peter Drucker hiciera sus copias y luego pusiera la mano en el bolsillo de su pantalón para sacar su billetera y pagarle al empleado unas quince copias ya me resultaba demasiado. Así que un día le ofrecí comprarle una máquina copiadora.

—No la necesito, Bob.

—¿Y una máquina de fax?

—Tampoco me hace falta.

Ofrecí contratarle una asistente administrativa para que se ocupara del trabajo de oficina porque sabía que cuando enviaba por correo un artículo, digamos al *Harvard Business Review*, doblaba con cuidado las hojas de papel, las metía en un sobre en el que había escrito la dirección con su máquina de escribir manual, y luego lamía las estampillas antes de pegarlas en el sobre. Cada vez que yo llegaba a su casa, el gran buzón que había junto a la puerta estaba siempre repleto de cartas para enviar. Yo solo sentía que le resultaría más eficiente tener a alguien que hiciera todo ese «trámite» por él. Pero no lo aceptaba.

Me gustaría atribuir todas esas cosas a su frugalidad del viejo mundo; por cierto, algo de eso habría, pero lo que aprendí al observar a Peter es que tenía un conocimiento de sí mismo que resultaba inquietante y que entendía exactamente qué cosas eran las que mejor funcionaban para él. Apreciaba la tecnología porque le parecía una herramienta que ayudaba a la gente a hacer su trabajo con más eficiencia. Pero no iba a dejar que las convenciones de la moda le interrumpieran ni interfirieran con los procesos que él había diseñado para su propio trabajo. ¿Cómo podría uno discutir acerca de eso, viendo su productividad? Hay muchos autores y líderes que jamás podrán igualar el rendimiento de Peter, ni en cantidad ni en calidad, a pesar de que tienen los últimos dispositivos inalámbricos y un ejército de asistentes e investigadores que trabajan para ellos.

> Apreciaba la tecnología porque le parecía una herramienta que ayudaba a la gente a hacer su trabajo con más eficiencia. Pero no iba a dejar que las convenciones de la moda le interrumpieran ni interfirieran con los procesos que él había diseñado para su propio trabajo.

Podrías sentir la tentación de confundir la concentración y la disciplina de Peter con algo así como rigidez parroquiana o miopía cultural. Pero te equivocarías. Su concentración y su disciplina, junto con su insaciable curiosidad, eran lo que le permitía andar libremente, fuera de los carriles establecidos por su campo de acción específico, para dedicarse de lleno a lo que quisiera. Es posible que inventara la disciplina moderna de la administración y la gestión, pero no era un loco de la tecnología.

LA GESTIÓN, EL *MANAGEMENT*, COMO ACTIVIDAD HUMANA

Una de las primeras cosas que noté en esas primeras visitas a la casa de Peter fueron los libros que había en su biblioteca: casi todo era ficción, había también algunos libros históricos como obras de Shakespeare, Dickens, de Tocqueville. Pero también noté que no había «libros de negocios». Después de mi tercera o cuarta visita mi curiosidad pudo más: «Peter, parece que lees muchas novelas —dije—. No sé por qué pero yo habría creído que tus estantes estarían repletos de libros más relacionados con tu disciplina y tu profesión».

Hizo una breve pausa, con una sonrisa pícara que por un momento precedió la respuesta que pronunció con su habitual autoridad. Peter hablaba del mismo modo en que escribía, con una claridad bien afilada, marcada por la economía de las palabras: «Los libros sobre temas de negocios tratan acerca de las funciones y las estrategias, de la mecánica en cuanto a dirigir una compañía exitosa —me dijo—. La ficción te enseña sobre los seres humanos, cómo piensan, cómo se comportan, qué les importa. Me interesa más la gente que la forma en que funcionan los negocios».

Me enteré entonces de que esa era la quintaesencia de Drucker, el hombre que siempre describía la administración como una «actividad humana» más que como una herramienta o proceso para dirigir una empresa. Le gustaba explicar que la única forma en que puede existir una sociedad funcional, una sociedad que de veras funciona y con eso se refería a una sociedad que no fuera fascista como aquella de la que provenía él en Europa, es que todas las unidades de la sociedad hagan lo que tienen que hacer. La administración es lo que da a esas organizaciones la capacidad de funcionar adecuadamente. Hace que funcionen las sinfonías, los ejércitos, las escuelas, los canales de televisión. Peter dedicó su vida a darle un lenguaje y una estructura a la disciplina de la administración y la gestión, que antes no los tenía.

Es eso lo que distanciaba a Peter de tantos otros «expertos» en administración. A través de mi buen amigo Joseph Maciariello, que colaboraba con Peter y le conocía tanto como cualquiera, supe que Peter había asistido a una serie de seminarios en la década de 1930, dictados por el economista John Maynard Keynes. Cuando le pregunté a Peter qué pensaba de Keynes, me respondió sucinto, como siempre:

«A Keynes le interesaban el comportamiento de los *commodities*, las mercancías o materias primas y, en particular, del dinero. A mí siempre me interesó la conducta de los seres humanos. Y escuchando a Keynes descubrí que no me interesaba el dinero. Fue un momento de inflexión en mi vida».

A veces ese interés en el comportamiento humano daba resultados cómicos. En una ocasión, mientras viajaba por Japón, Peter decidió conocer parte de la cultura de allí y asistió a una especial ceremonia del té, cuyos orígenes datan de varios siglos. La dirigía el maestro del té, un tal señor Sen, en Kyoto. Era una ceremonia que se realizaba en un salón de belleza simple pero perfecto, con piedras lisas sobre el piso de *tatami* y una mesita laqueada con incrustaciones de madreperla, tras la cual estaba arrodillado el señor Sen con su ornado *kimono*. Peter se arrodilló frente al señor

Sen y durante los siguientes cuarenta y cinco minutos observó, fascinado, el tranquilo y casi místico ritual. Finalmente el señor Sen le sirvió el té que con tanto cuidado y atención había preparado, en una vasija antigua, de trescientos años. Peter, debidamente bebió el té a sorbos, en silencio.

Después de que pusiera su taza de cerámica sobre la mesa, el señor Sen hizo una reverencia y le preguntó si querría una taza más. Lo que Peter no sabía era que la pregunta formaba parte del ritual y que la respuesta que correspondía era un «no», por educación. A Peter le había gustado tanto el té que pensó que la segunda taza le permitiría empezar a conversar con el señor Sen y entonces dijo, muy sociable, que sí, que quería otra taza. Pero el gran maestro del té, ahora se veía obligado a repetir el ritual de cuarenta y cinco minutos.

Cada vez que me contaba esa anécdota, reía muchísimo, ¡y de sí mismo! Así era Peter: curioso en cuanto a la gente, curioso por saber qué les movía, por qué hacían lo que hacían. En ocasiones se describía a sí mismo como «ecologista social». Algunas personas describían a Peter diciendo que era «el más grande futurista vivo», pero a él no le importaban para nada las predicciones como las que dicen los que miran una bola de cristal. Él siempre lo expresaba de este modo: «No puedes predecir el futuro. Lo que sí puedes hacer es mirar por la ventana y ver la calidad de futuro que tienen los hechos del presente».

Con ese tipo de comprensión súbita de las cosas, Peter tenía la capacidad de ver lo que la mayoría no ve. Allí donde otros de los que se dedicaban a su campo intentaban leer las hojas de té de la investigación de mercado, Peter prefería estudiar los ciclos más generales de la historia, la demografía y, sobre todo, la gente. Era al observar a la gente y ver cómo se comportaban que Peter pudo predecir con precisión la transición estadounidense de una economía industrial a una economía impulsada por el conocimiento. Tal vez haya sido ese el cambio social más extremo de la historia que conocemos. A partir de ese mismo punto de observación fue uno de los primeros en prever el surgimiento de la economía de la información, y el de las nuevas «superpotencias» como China, India y Sudamérica.

> Algunas personas describían a Peter diciendo que era «el más grande futurista vivo», pero a él no le importaban para nada las predicciones como las que dicen los que miran bola de cristal. Él siempre lo expresaba de este modo: «No puedes predecir el futuro. Lo que sí puedes hacer es mirar por la ventana y ver la calidad de futuro que tienen los hechos del presente».

Steve Forbes escribió en *The Wall Street Journal*: «La capacidad de Peter Drucker para profetizar, casi siempre sin equivocarse, era inquietante». Yo creía que había aprendido mucho de Peter al leer sus libros, pero nuestras reuniones anuales fueron algo así como un curso de posdoctorado para mí.

Peter tenía «ojos para ver y oídos para oír», y una memoria sin igual para recordar y relacionar siglos de interacciones humanas.

Era imposible pasar el tiempo con él sin aprender algo que fuera tan obviamente cierto que al fin te preguntabas cómo era que no se te había ocurrido antes.

6 LECCIONES DE PETER

«Peter empezó a tener serias dudas acerca del mundo de los negocios y hasta del capitalismo mismo. Ya no veía a la corporación como espacio ideal para crear una comunidad. De hecho, le parecía que sucedía casi lo contrario: era un lugar en donde el interés propio había triunfado por sobre los principios igualitarios que tanto había defendido durante mucho tiempo».

—JOHN BYRNE

JAMÁS HE PROBADO las drogas, ni siquiera conozco lo suficiente del vocabulario y cultura de los estupefacientes como para poder hablar con claridad o autoridad sobre ese tema. Pero sí sé lo que significa el vocablo «chutarse», en referencia a la práctica de inyectarse la droga directamente en la vena para que su efecto sea más pleno. Esa es una buena descripción de lo que más influencia ha tenido en mi vida. Porque me he chutado con tres cosas: mi esposa, la Biblia y Peter Drucker.

Dependo de Linda y confío en ella para muchas cosas, pero ante todo confío en su profundo don para sentir empatía. Mi riqueza fácilmente podría distanciarme de los desafíos, esperanzas y sueños de la mayoría de los estadounidenses. Linda mantiene mis pies sobre la tierra. Solo tengo que seguirla y prestar atención a lo que me diga. Me ayuda a entender a los que no son como yo y con ello me protege de quedar como un reverendo tonto. Por ejemplo, no permito que se imprima y publique nada que lleve mi nombre y que ella no haya leído y aprobado primero, incluso aunque a veces eso hiera mi orgullo un rato. En una ocasión me sentía tan orgulloso de algo que escribí porque había usado la frase *de rigueur*, y ella me dijo que no fuera rebuscado, que sabía lo que significaba, pero me recordó que mucha gente no sabría qué quería decir.

Sigo: *chutarme* la Biblia casi toda mi vida adulta me ha dado, espero, una brújula moral confiable y un sentido de cuál es mi lugar en la historia de este viaje de Dios junto a la humanidad. También es lo que me da la esperanza que necesito para vivir, más que existir. O como diría el filósofo danés Søren Kierkegaard: «La única forma de evitar la angustia es tener fe en que, cuando Dios lo decida, el tiempo y la eternidad se volverán una misma cosa. Que tanto la vida como la muerte tienen su sentido».

También me *chuté* a Peter, desde antes de conocerlo siquiera, y leí todo lo que había escrito, dejando que se volviera parte de mí, casi de mi ADN. Pero fue a través de esa relación en persona, que fue creciendo en profundidad y tamaño cada año durante más de dos décadas, que aprendí a ya no tratar de determinar cuáles ideas y pensamientos son míos y cuáles de Peter. Creo que sería justo y preciso decir que casi todas las ideas realmente buenas que he tenido a lo largo de los años tienen su génesis en Peter.

Por ejemplo, cuando empecé a recorrer mi camino como ejecutivo de nuestra empresa familiar, solía darle mucha importancia a la creación de equipos para trabajar en los distintos desafíos que se iban presentando. Aunque yo era el «jefe de la manada» y podía dirigir la compañía como si fuera un monarca benévolo, la verdad es que me apoyaba mucho en los talentos de quienes me rodeaban. Creo que sabía sin que nadie me lo dijera que sencillamente yo no era tan inteligente como para hacerlo todo por mi cuenta. Pero para ese momento, ya me había sumergido en los libros de Peter, y es probable que recordara algo que él había escrito: «Todo lo que haya que hacer es para que lo haga un equipo. No hay persona que tenga el temperamento y la capacidad como para hacerlo todo. El propósito del equipo es hacer que los puntos fuertes sean productivos y los puntos débiles sean irrelevantes». Al día de hoy, jamás intento trabajar en un nuevo desafío sin formar primero un equipo.

> Hace años que ya no intento determinar cuáles ideas y pensamientos son míos y cuáles de Peter. Creo que sería justo y preciso decir que casi todas las ideas realmente buenas que he tenido a lo largo de los años tienen su génesis en Peter.

Ya mencioné la ocasión en que un consejo de Peter me hizo entrar en un gran negocio que al final me hizo perder un millón de dólares. Creo que intentaba demostrar que Peter era humano y que a pesar de haber perdido, jamás perdí la confianza en sus consejos.

Para ser justos, fue una gran lección de Peter lo que impidió que todo eso se convirtiera en un desastre aun mayor.

YA NO ESTAMOS EN KANSAS

Mi compañía, Buford Television Inc., halló la forma de ser rentable ofreciendo servicios a ciudades de pequeño y mediano tamaño como mi ciudad, Tyler, en Texas; o Fort Smith en Arkansas, y Sioux Falls, en Dakota del sur. Alcanzamos nuestro éxito mediante la combinación del servicio al cliente a la antigua y lo que en ese momento era el uso innovador de la tecnología. Por ejemplo, todos los que trabajaban para nosotros asistían a universidades pequeñas y vivían en ciudades pequeñas, lo que les ayudaba a entender a nuestros clientes. En las ciudades más grandes, quienes eran responsables de las compañías de cable locales eran funcionarios nombrados por alguien. Pero en las ciudades pequeñas donde operábamos nosotros, el responsable de la empresa podía ser tu vecino de al lado. Si tu vecino no tiene señal de cable el domingo del Gran Tazón o Super Bowl, el problema no es para nada abstracto. Desde el principio supimos que el valor estaba no solo en ofrecer servicio al cliente sino en conocerlo y entender sus necesidades particulares (es otro de los axiomas de Drucker).

También nos contamos entre los primeros en formar un *centro de llamadas* que enviaba a nuestros instaladores y técnicos con eficiencia a cada lugar. Esos técnicos trabajaban desde su casa, las órdenes de trabajo les llegaban a sus computadoras. La computadora estaba conectada por satélite y recibían instrucciones sobre su próxima tarea. Eso reducía el tiempo de traslado. Cuando terminaban de conectar el cable de la casa de un cliente, o de reparar un desperfecto, o de cumplir con la tarea que fuera, el técnico volvía a su camioneta, introducía la información a su computadora y en una fracción de segundo, los datos estaban ya cargados en el registro de facturación del cliente. Hoy eso es un procedimiento habitual pero hace veinte años era una ventaja de avanzada, y ayudó a que nuestra rentabilidad mejorara.

A pesar de que nos iba bastante bien y de que crecíamos muy rápido, yo no me engañaba. Sabía que el crecimiento no es algo que sucede porque sí, así que siempre buscaba cómo mejorar el rendimiento de la empresa familiar. En ese momento tenía un abogado de Washington que también representaba a ABC. Ese abogado pensó que yo tenía que entrar en el negocio de la televisión por suscripción, un servicio de canal único y de aire con programas de deportes y películas que apuntara a mercados más grandes como Nueva York, Chicago y Los Ángeles, que en esa época no tenían cable. En mi siguiente reunión anual con Peter le hablé de la idea y le pareció buena. Ahora, cuando un abogado de la gran ciudad y también Peter Drucker te dicen que algo va a funcionar, les prestas atención. Así que cuando surgió la oportunidad de entrar en la televisión por suscripción di el salto con más entusiasmo que experiencia. Casi de inmediato me di cuenta de que había tomado una mala decisión.

Ahora, en vez de trabajar con los gobiernos municipales para que mi cable entrara en sus prolijos barrios tenía que negociar para alquilar antenas muy caras ubicadas en rascacielos como el Edificio Hancock de Chicago. En vez de cables que atravesaban territorio conocido en Texas, sentí que me había lanzado a una órbita totalmente nueva cuando calculaba la métrica de comprar enlaces a satélites. Cuando entraba al Club de Campo de Willow Brook en Tyler todos me conocían. Pero cuando bajaba del avión en el aeropuerto de O'Hare en Chicago, no era más que un tipo de traje con portafolios. Y con chequera. La televisión por suscripción no era barata, y de eso me enteré muy pronto. Ahora tenía cada vez más salarios que pagar, y una lista de compras enorme con equipos carísimos que tenía que adquirir. Parafraseando lo que dijo Dorothy en «El mago de Oz», ya no estaba en Tyler.

> No era inusual que Peter diera comienzo a una reunión, diciendo: «Cuéntame qué es lo que *no estás* haciendo». Con eso se refería a que no todo lo que intentas va a funcionar, así que ¿qué decidiste que no vas a hacer?

Mi historia podría haber terminado allí si no hubiera sido por un concepto que aprendí de Peter: el abandono planeado. Si te dan un diagnóstico de cáncer, no pases tanto tiempo pensando en tus opciones. Líbrate de él lo antes posible. No era inusual que Peter diera comienzo a una reunión, diciendo: «Cuéntame qué es lo que *no estás* haciendo». Con eso se refería a que no todo lo que intentas va a funcionar, así que ¿qué decidiste que no vas a hacer? ¿Qué cosas dejaste de hacer para poder centrarte más en esas cosas que sí darán resultados? Cuando hablé con Peter de la debacle de mis inicios en la televisión por suscripción su veredicto confirmó lo que yo ya sabía que tendría que hacer. Encontré un comprador, pero en el camino de toda esa negociación perdí un total de un millón de dólares. Fue una de las mejores decisiones de negocios que haya tomado en mi vida. Porque tres años después de haber comprado mi compañía el informe anual del nuevo dueño mostraba que había perdido setenta y dos millones de dólares.

ES EL RENDIMIENTO, NO EL POTENCIAL

En una ocasión decidí que me acompañaría uno de los principales ejecutivos de mi empresa a una de mis reuniones con Peter, mi mentor. Era un ejecutivo relativamente nuevo y yo quería exponerlo a la sabiduría y las enseñanzas de Peter. Este, como siempre, fue cortés y amable, lo hizo sentir como en su casa mientras empezábamos a recorrer parte por parte la larga carta que yo le había mandado de antemano. Pasamos juntos un día excelente y pude ver que mi colega disfrutaba mucho de la experiencia de aprender de una de las mentes más geniales del mundo.

Días después hablé por teléfono con Peter sobre algo y cuando terminó nuestra breve conversación, cedí a mi curiosidad y le pregunté si pensaba que ese ejecutivo en particular era un tipo bueno.

«¿Bueno para qué cosa?», contestó, con su modo habitual tan directo.

Y luego me explicó un concepto que he aplicado desde entonces a los asuntos del personal o los recursos humanos.

«Con la gente, tienes que centrarte en el rendimiento, no en el potencial. Te centras en lo que pueden hacer, en sus puntos fuertes, no en lo que podrían llegar a hacer en algún momento del futuro. Lo que no pueden hacer ellos, será la tarea de alguien más».

Con frecuencia Peter usaba la metáfora del director de una sinfónica cuando hablaba sobre la administración y la gestión de los negocios. El director jamás le pediría al que toca el oboe que tocara el violín o viceversa. La función del director de orquesta es asegurarse de que cada uno esté tocando el instrumento que le corresponde porque así, cuando baja la batuta, la sinfónica produce música genial.

Todo emprendimiento que inicié, sea de lucro o no, ha sido una jugada la que buscaba el crecimiento rápido y que entonces requería casi de continua innovación y energía empresarial. Más de una vez he empleado a una persona que rendía bien en alguna función de mantenimiento de niveles de negocios en una organización grande y prestigiosa. Pero casi nunca funcionó. Es la diferencia que hay entre las fuerzas especiales y mantener tu empleo en el Pentágono.

Peter me enseñó a no intentar nunca que el que toca el oboe se convierta en violinista. Aprendí de él a no quejarme de los defectos o debilidades de la gente, sino a centrarme en sus puntos fuertes y a ubicarlos en áreas en donde pudieran aprovechar y prosperar basándose en sus puntos fuertes.

CÓMO MUEREN LAS ORGANIZACIONES

Una de las lecciones más importantes que inevitablemente aprendí de Peter, en mi opinión, fue la que hizo que nuestra relación pasara de ser la de un cliente con su consultor a la de dos socios o compañeros que trabajan juntos. Esa lección partía de su convicción de que cualquier organización empieza a morir el día en que empieza a operar para beneficio de los de adentro y no para bien de los clientes. Fue más o menos en esa época, a mediados o fines de la década de 1980, que percibí que había un cambio en su pensamiento respecto de la Norteamérica corporativa con la que había trabajado durante tanto tiempo como consultor y consejeros. Empezó a darle vueltas a la cuestión de si las organizaciones estaban en realidad ayudando a crear el tipo de sociedad bien ordenada y realmente funcional que él siempre había tenido en mente.

> Una de las lecciones más importantes que inevitablemente aprendí de Peter... partía de su convicción de que cualquier organización empieza a morir el día en que empieza a operar para beneficio de los de adentro y no para bien de los clientes.

En su artículo publicado en *Business Week*, John Byrne observaba que, más o menos en ese período de prosperidad económica en los EE.UU., Peter «comenzó a tener serias dudas acerca del mundo de los negocios e incluso sobre el capitalismo en sí mismo. Ya no veía a las corporaciones como espacio ideal para la creación de lo que es una comunidad. De hecho, veía casi todo lo contrario: eran un lugar en donde el interés propio había triunfado por sobre los principios igualitarios que él tanto había defendido todo el tiempo».

Peter desdeñaba la forma en que las grandes corporaciones acumulaban enormes ganancias, no tanto porque se opusiera a ellas en sí mismas, sino porque esas mismas corporaciones despedían a miles de empleados y trabajadores al tiempo que otorgaba enormes paquetes de compensación a sus ejecutivos. «La empresa cuyas ganancias no son al menos iguales a su costo de capital son socialmente irresponsables», escribió en *Managing a Time of Great Change*. Pero también creía que «esa adoración al gran margen de ganancias muy probablemente causará daños a la compañía y hasta puede destruirla» (programa en línea *Five Deadly Business Sins*). Argumentaba, sin lograr que le hicieran caso, que las corporaciones debían compensar a sus ejecutivos solo hasta veinte veces el monto que reportara su rango y rendimiento. Para Peter, el aumento de capital era la forma en que una compañía podía cumplir su misión de la mejor forma, porque brindaría mayor valor a sus clientes que a los cinco tipos que se sentaban en la mesa de reunión de los ejecutivos.

Su crítica era un aguijón que punzaba no solo a las corporaciones sino al gobierno porque, cada vez con más frecuencia, Peter veía que la gestión de gobierno se llevaba adelante para beneficio de los de adentro y no para los ciudadanos-clientes. «Hace unos cincuenta o sesenta años los programas del gobierno brindaban beneficios y cumplían», escribió en una ocasión en un resumen informal de su opinión sobre el sector social. «Ya no cumplen, y no solo en este país sino en ningún lugar del mundo. No hay más que buenas intenciones y pagamos impuestos por ellas. El logro más importante en los últimos… bueno, desde la Segunda Guerra Mundial, es el sector social. Es algo que tenemos que destacar en nuestro país y el mundo entero. Soy muy optimista en cuanto a lo que vendrá en el futuro para el sector social».

Hoy, el cepo paralizante que vemos en nuestra legislatura es un ejemplo perfecto del análisis de Peter de que esa falta de efectividad siempre surge cuando una organización busca cuidarse a sí misma en vez de cuidar a los que se supone tiene que beneficiar y servir.

Sería fácil entonces pensar que el desencanto de Peter con el mundo de los negocios y el gobierno no era más que la típica queja de un septuagenario que no tiene nada mejor que hacer que andar protestando por la situación del momento. Sin embargo, Peter jamás se refería a la situación del momento. Siempre mantenía la visión puesta en cómo podían ser las cosas en el futuro. Además, tenía mucho que dar todavía; jubilarse jamás fue una opción en su caso. Así que si los negocios y el gobierno no hacían lo que tenían que hacer, él encontraría otra cosa.

Gracias a Peter, por eso, eliminé de mi vocabulario la palabra «jubilación» para siempre.

7

EL ÉXITO DE LO QUE IMPORTA

«Mi rendimiento como presidente y ejecutivo
se estaba volviendo más importante que
mi rendimiento como ser humano».

—BOB BUFORD

EN LA ÉPOCA en que Peter se sentía cada vez más desilusionado con la Norteamérica corporativa, empecé a oír una vocecita en lo más profundo de mi alma, susurrando una pregunta: «¿Qué vas a hacer con todo lo que se te ha dado?».

Se me había dado muchísimo.

Mi compañía seguía creciendo a tasas fenomenales, de más de veinticinco por ciento al año. Y aunque siempre había seguido la recomendación de Peter en cuanto a que mi compensación debía ser veinte veces menor que el promedio de la de mis empleados, había excedido ya mis objetivos de acumulación de capital y valor neto. Durante la semana, Linda y yo vivíamos en un penthouse maravillosamente equipado y decorado, en Dallas. Luego nos íbamos a nuestro refugio, nuestra casa de campo, una «granja de lujo» de cien hectáreas, ubicada en Tyler.

Mi auto era un Cadillac, Linda tenía un Jaguar. Podíamos viajar a cualquier lugar del mundo que se nos antojara. Y lo hacíamos.

Nuestro matrimonio era excelente, muy gratificante. De alguna manera había eludido esas adicciones habituales que se apoderan de la vida de tantos exitosos hombres de negocios. Hacía generosas donaciones a muchas buenas obras y causas. Hasta enseñaba en la escuela dominical de mi iglesia. Estaba en la flor de la vida y el camino que tenía por delante se veía claro, atractivo: buscaría a un sucesor, lo prepararía bien y luego llegaría el momento de llevarme una fortuna para disfrutar de la buena vida.

El susurro no callaba: ¿Sigue siendo mi trabajo el centro de mi vida? ¿Cuál es mi propósito más verdadero? ¿Mi destino? ¿Qué sentido tiene tenerlo todo? ¿Cómo sería mi vida si todo resultara bien?

> El susurro no callaba: ¿Sigue siendo mi trabajo el centro de mi vida? ¿Cuál es mi propósito más verdadero? ¿Mi destino? ¿Qué sentido tiene tenerlo todo?

«ME ASUSTA»

Y entonces, en uno de esos hechos inesperados que parecen surgir de la nada, algo me tocó, como un leve codazo. Bueno, en realidad fue más parecido a una bofetada. Y todas esas preguntas se vol-vieron más urgentes.

Yo tenía una misión y trabajaba en ella con tanta intensidad que mi asistente administrativa, una mujer quince años mayor que yo, me confrontó. Su crítica fue algo que yo no buscaba, y al principio no la recibí bien. Yo volaba por todo el país, haciendo negocios y todo lo que hiciera falta para obtener resultados para mi compañía. Pero esa dama valiente veía algo que la perturbaba.

«Señor Buford, creo que tengo que decirle que me asusta —dijo con mucho tacto, sabiendo obviamente que no era la mejor forma de iniciar una conversación con su jefe—. Se preocupa tanto por rendir más que cualquiera, por hacer mucho dinero, que temo que va a perder cosas que para usted tienen mucho valor».

Es lo que en el mundo de los negocios a veces se conoce como MLC: «Movida que limita tu carrera». Tengo que admitir que al principio me molestó lo que dijo. Pero ya había aprendido de Peter dos cosas que logré aplicar en ese momento a esa experiencia que me hizo «bajar del caballo». Ante todo, Peter sentía que el líder siempre tiene que prestarles atención a las personas que le siguen. En segundo lugar, Peter utilizaba preguntas para encontrar la solución a un problema. Por eso, presté atención a la crítica de mi asistente y luego me pregunté dos cosas: «¿Tenía razón esta mujer?», y «si tiene razón, ¿qué tengo que hacer al respecto?».

Era bastante fácil responder la primera pregunta, aunque me asombra ver lo susceptibles que somos al autoengaño. Pero la verdad es que mi asistente me conocía mejor de lo que yo me conocía a mí mismo y su valentía, aunque poco elegante, logró correr el velo que me cubría los ojos. Mi rendimiento como presidente y ejecutivo se estaba volviendo más importante que mi rendimiento como ser humano.

LA VIDA ERA BUENA... O ALGO ASÍ

No me fue fácil determinar qué tenía que hacer para corregirlo. No se trataba de una crisis de la mediana edad, ni de una interrupción en mi vida para analizarme por dentro porque estaba enfermo o algo parecido. No era adicto a nada, legal o ilegal. Tenía la dicha de trabajar con personas a las que respetaba y admiraba. Diez años antes me había hecho una lista de objetivos en la vida y la verdad es que estaba en camino a cumplirlos. Francamente me gustaba mi vida.

Sin embargo, no podía dejar de sentir que a pesar del éxito que tenía en mi vida profesional y también en lo personal, tal vez estaba perdiéndome algo que podía ser todavía mejor.

> No podía dejar de sentir que a pesar del éxito que tenía en mi vida profesional y también en lo personal, tal vez estaba perdiéndome algo que podía ser todavía mejor.

Ese algo es lo que al fin pude describir como el sentido y significado de uno mismo: invertirte en una misión o sueño que trascienda al éxito material y esté en línea con los valores centrales que más defiendes, en lo que más crees. Debido a mi fe, que es firme, y a mi compromiso con la iglesia al principio pensé que ese sentido o significado de mí mismo tendría que ver con alguna forma de trabajo en la iglesia, muy probablemente precedido por algunos años en el seminario. Y digo con sinceridad que eso me daba miedo. El ministerio, tal como lo entendía, era la antítesis del mundo real en el que yo había estado inmerso en los últimos veinticinco años. Enseguida dejé de lado la idea de ingresar en el seminario o de enviar mi *currículum vitae* a organizaciones cristianas sin fines de lucro. Pero igual no podía ignorar esa voz persistente que me seguía invitando a efectuar algunos cambios bastante drásticos en mi vida.

Cada vez que en mi empresa me enfrentaba a nuevos desafíos u oportunidades empezaba a pensar en un plan estratégico que sirviera no solo para trazar un plan de acción sino una medida que me diera la idea de hasta dónde llegaba mi efectividad. Decidí que ¡necesitaba un plan estratégico para mí, como persona! Contraté a un consultor de planificación estratégica que me ayudara en ese proceso. Era exigente, y aunque no era un hombre de fe religiosa, después de pasar un tiempo conmigo y hacerme muchas preguntas, logró identificar dos cosas que para mí eran de extrema importancia: el dinero y Dios. Entonces me dijo que no podía trazar un plan para mi vida hasta tanto yo no decidiera cuál de las dos cosas me era más importante. No le importaba cuál de las dos eligiera, pero me aseguró que yo no hallaría ese rumbo que buscaba hasta tanto decidiera si mi lealtad mayor sería hacia Dios o bien hacia el dinero. Una vez que tomara mi decisión, él iba a ayudarme a hacer la transición del éxito que ahora disfrutaba, al sentido y significado que estaba buscando.

Describo ese proceso en mayor detalle en mi primer libro, *Halftime*. Pero voy a ahorrarte el suspenso: elegí a Dios. Una vez que asumí ese compromiso, trazamos un plan que requería que dedicara un veinte por ciento de mi tiempo a mi empresa y el ochenta por ciento restante a Dios. Ahora, ¿qué quería decir eso, exactamente?

¿Cómo haría para darle a Dios mi tiempo, mi talento, mi tesoro? Había cientos o miles de ministerios y organizaciones cristianas que estarían felices de recibir a un empresario cristiano exitoso que había decidido dedicar la mayor parte de su tiempo y su dinero sirviendo a Dios. Pero, como me había enseñado Peter, si quieres lograr los resultados más efectivos tienes que «edificar sobre esas islas sanas y fuertes». Es decir que si yo realmente quería hacer algo que tuviera sentido y significado, algo que prosperara, creciera y marcara una diferencia en el mundo incluso mucho después de que yo ya no estuviera, tendría que invertir allí donde hubiera mayores oportunidades de rápido crecimiento y alto retorno.

En términos filantrópicos, es una idea completamente contraintuitiva. Porque la sabiduría convencional sugiere que tienes que buscar la misión donde más pobreza y desesperación puedas hallar, entrar allí con un gran puñado de dinero y rescatarla. Sin embargo, Peter me mostró que era una idea errada. Además de que creía que pensar en pequeño da resultados pequeños, sospecho que al igual que yo pensaba que puede resultar tentador ir al rescate de algo o alguien, pero que de todos modos, es una actitud egocéntrica.

Había logrado que creciera mi empresa mediante la compra de canales de televisión y compañías de cable exitosos y sanos, con enorme potencial. Por eso, para mí era lógico que si quería lograrlo en mi vida personal, esa era la forma de hacerlo también. Peter también me advertía en contra de desperdiciar mi tiempo tratando de cambiar al mundo: «Busca gente que se muestre receptiva a lo que quieres hacer en vez de empujar rocas cuesta arriba durante el resto de tu vida», me había dicho.

Me había hablado de las pequeñeces, de que no me ocupara de esas pequeñas cosas que «fríen tu energía», para usar sus palabras textuales. Es lo que hace la mayoría de los filántropos: una pequeña donación aquí, otra allá y al terminar el año despiertan para ver que no se nota más que su presencia en un montón de cenas de beneficencia. Yo me he propuesto salir de la ciudad los jueves. Porque en Dallas, las funciones y cenas de beneficencia son siempre entre la noche del jueves y la del sábado, y son oportunidades para hacer justamente aquello contra lo que me había advertido Peter.

DAR NO ES UN RESULTADO

Mientras buscaba distintas formas en que pudiera invertir de mí más plenamente en actividades basadas en la fe, acepté una invitación para formar parte de la junta de consejeros de un ministerio afiliado a un seminario. Fui a una reunión en la que presenté una propuesta que había pensado mucho, que incluía financiamiento que yo mismo iba a brindar. No la aceptaron. La enviaron a un comité que la estudiaría a profundidad; vi que lo más probable era que tomara años lograr que ese plan pasara por la burocracia del seminario. Cuando le hablé a Peter de esa experiencia me dijo: «Tienes que utilizar tu energía donde puedas obtener resultados». Con sabiduría, me dijo que evitara los seminarios porque: «No creo que realmente quieran saber qué es lo que tienen que saber».

Peter me animó a buscar cosas que marquen una diferencia cuántica, no ganancias basadas en utilidades. «El dar no es un resultado», me recordaba a menudo. «¡El resultado son las vidas que cambian!».

Al fin, Peter me animó a «buscar cosas que estén listas para suceder». Porque el tiempo indicado lo es todo. Se multiplicarían mis esfuerzos si resultaban convergentes con oportunidades que ya estuvieran listas para la expansión. Con todo, a su consejo le sumó algo que no solo demostraba lo mucho que había aprendido al observarme sino que también destacaba su optimismo respecto de que finalmente encontraría lo que buscaba:

Tienes dos compromisos fundamentales. Uno es religioso, en el sentido de que crees en otro mundo. Y el otro es existencial, y se relaciona con la existencia humana. Crees que lo que importa no es lo brillante que seas, ni cuánto dinero tengas, o cuántos títulos y diplomas consigas, sino el hecho de que eres un hijo de Dios. Vamos a encontrar el lugar para ti; tú mismo vas a encontrarlo.

Todo parecía un buen consejo, pero ¿dónde estaba ese lugar, esa saludable oportunidad, en la comunidad de la fe? ¿Qué nuevo fenómeno transformador sería la chispa, la brasa que necesitaba ese aire que lo convirtiera en fuego abrasador?

> Peter me animó a buscar cosas que marquen una diferencia cuántica, no ganancias basadas en utilidades. «El dar no es un resultado», me recordaba a menudo. «¡El resultado son las vidas que cambian!».

Recurrí a mi buen amigo Fred Smith, que me presentó a dos caballeros que dirigían una exitosa y destacada compañía de revistas cristianas, con sede en los suburbios al oeste de Chicago. Christianity Today, Inc., surgió de la revista del mismo nombre, *Christianity Today*, emblemática y fundada por el renombrado evangelista, Dr. Billy Graham. Cuando Harold Myra y Paul Robbins fueron nombrados director ejecutivo y director financiero respectivamente, la revista estaba pasando por momentos difíciles, igual que la mayoría de las publicaciones periódicas cristianas. Requerían de grandes subsidios para poder compensar la diferencia entre los costos en aumento y los anémicos ingresos provenientes de las publicidades y suscripciones.

Ellos lograron, no solo poner en orden las finanzas de *Christianity Today*, sino que sumaron seis revistas especializadas más, cada una con peso propio, y que efectuaban un aporte al buen resultado general. Durante ese proceso Harold y «Robbie» supieron adquirir una capacidad especial para identificar a los líderes legítimos y los innovadores en el movimiento que se fue fortaleciendo y que hoy se conoce como «movimiento evangélico». ¿Quién mejor que ellos dos, para ayudarme a encontrar el nicho preciso en el que podría dar de mi tiempo, mi talento, mi capital, invirtiéndolos en algo que tuviera un impacto perdurable en el mundo?

Concerté una cita con ellos, en sus modestas oficinas comerciales de Carol Stream, Illinois. Y les hablé de mi deseo de pasar el resto de mi vida, y de invertir la mayor parte de mi dinero, en un emprendimiento de fe que tuviera potencial como para marcar una enorme diferencia en el mundo. Aclaré que no estaba buscando efectuar una gran donación a alguna organización con la esperanza de que le pusieran mi nombre a algún edificio. Y expliqué que ese emprendimiento no solo sería el centro de mi trabajo como filántropo sino que tenía pensado dedicarle la misma energía, el mismo tiempo, la misma experiencia y conocimiento que le había dedicado a mi compañía.

Si pensaron que estaba loco, la verdad es que supieron disimular sus sospechas de manera magistral. Después de escuchar con educación lo que yo pedía, que no era más que ayuda para poder poner el mundo patas para arriba, me dijeron que había un grupo pequeño de pastores y líderes ministeriales que no se parecían en nada a lo que tradicionalmente se entiende como pastor. Era un grupo en crecimiento, y me explicaron que esos líderes emprendedores que habían formado iglesias muy grandes y dinámicas, lo habían hecho por medio de la innovación más que nada, centrados como rayos láser en atraer a la cultura contemporánea. Casi todos esos pastores habían comenzado con sus iglesias desde la nada, invitando a gente del barrio a estudiar la Biblia en sus casas, para luego construir «recintos» atractivos que todos los fines de semana se llenaban con miles de personas que asistían a servicios en los que había música contemporánea y enseñanzas prácticas e inspiradoras. Algunos de esos pastores habían sido empresarios exitosos que decidieron usar sus dones de liderazgo y gerencia para levantar iglesias increíblemente efectivas. Otros se habían hecho cargo de sus iglesias tradicionales, para transformarlas en centros de ministerio holísticos, muy efectivos. El denominador común de todos ellos era su capacidad para llegar a esas personas que habían abandonado la «religión», y que no tenían interés alguno en la iglesia.

A Harold y Robbie les preocupaba, dijeron, que esos pastores tan «diferentes» estuvieran aislados, expuestos con frecuencia a críticas de sus propias denominaciones o de otras iglesias. Tal vez les viniera bien alguien como yo, que pudiera unirlos, para que pudieran compartir sus mejores prácticas, para que sintieran que había algo que los alentaba en general.

La idea me encantó. Jamás había relacionado las palabras «emprendedor» y «pastor», pero cuanto más lo pensaba, más sentido le hallaba. Si la idea de Dios sobre lo que es la iglesia tenía que ver con una estrategia que transformara al mundo ¿por qué no hacerlo de la manera más profesional y efectiva posible? Y si todo conocimiento viene de Dios, y creo que así es de veras, ¿por qué no usar el «conocimiento» de la planificación estratégica, de los principios de la administración y la gestión, la investigación de mercado, las comunicaciones y todo lo demás, para que más gente pudiera llegar a conocer lo que tantas veces llamamos simplemente como buena nueva?

> Jamás había relacionado las palabras «emprendedor» y «pastor», pero cuanto más lo pensaba, más sentido le hallaba. Si la idea de Dios sobre lo que es la iglesia tenía que ver con una estrategia que transformara al mundo ¿por qué no hacerlo de la manera más profesional y efectiva posible?

Durante mi vuelo de regreso a Dallas, hubo dos cosas que me convencieron: había encontrado mi nueva vocación y no tenía idea de qué cosa haría al respecto. Lo que sí puedo decir casi con absoluta certeza es que para esos pastores, yo era un desconocido, y para mí ellos también. Aunque he ido a la iglesia durante casi toda mi vida, mi iglesia era bastante pequeña, cómodamente tradicional. ¿Qué podía ofrecerles yo a esos pastores como para que quisieran subirse a un avión y viajar a alguna parte para asistir a una reunión, otra más de tantas?

8 SEGUNDA MEDIA CONSPIRACIÓN

«Tu misión, Bob, es transformar en energía activa la energía latente del cristianismo estadounidense».

—PETER DRUCKER

ES IMPOSIBLE QUE no seas fanático del fútbol americano si te criaste en Texas. A pesar de mi breve paso como *ala* izquierdo, nada espectacular, en el equipo de mi escuela secundaria, me abracé a la religión oficial del estado de la única estrella para seguir a mi alma mater, los Longhorns de la Universidad de Texas, y por supuesto al equipo de América, los Cowboys de Dallas. Por eso, cuando empecé a tener inquietudes sobre mi carrera y mis ambiciones, fue natural que buscara en el fútbol una metáfora que me ayudara a entender lo que estaba pasando.

Para cuando pasé los cuarenta, había dedicado casi veinte años al crecimiento de la empresa de mi familia. Peter y yo llevábamos unos siete u ocho años reuniéndonos con regularidad, y nuestra conversación fue pasando del tema de los negocios, específicamente Buford Television Inc., a lo que siempre fue su interés principal en cuando al *management* o administración: la creación de las condiciones requeridas para una sociedad plenamente funcional.

Uno de los cambios demográficos que había observado Peter era que la vida útil del trabajador estadounidense se había alargado, y con ella también había cambiado su situación, de obrero a «trabajador del conocimiento». Hasta el siglo veinte la expectativa de vida en los Estados Unidos era de más o menos cincuenta y cinco años pero para fines de ese mismo siglo, ya era de setenta y cuatro. Además, en vez de ordeñar las vacas dos veces al día, o de cumplir con una monótona tarea el día entero en una línea de armado, todos esos hombres con educación universitaria y beneficios como veteranos, habían empezado a trabajar en empleos que no tenían exigencias físicas tan grandes. Eran vendedores, ingenieros, gerentes o algo parecido.

MEDIO TIEMPO

Así que cuando Peter me dijo que yo tenía una segunda carrera o profesión a la que podría dedicarme por completo, usé el vocabulario del fútbol americano para describir esa falta de equilibrio que sentía en cuanto a mi ocupación. Mi «primer tiempo» había estado completamente dedicado a nuestra empresa y su crecimiento. Como casi todos los hombres de entre veinticinco y cuarenta años, yo era un verdadero cazador recolector, que iba en busca del tigre dientes de sable que representaba el éxito. Y aunque había tenido un buen rendimiento que superaba hasta mis propias expectativas, no podía librarme de la molesta sospecha de que la intensidad con que me había dedicado a mi trabajo se cobraría un precio en otras áreas de mi vida. En algún lejano rincón de mi mente había una pregunta dando vueltas: *¿Qué es lo que podrías perder, con todo lo que estás* *ganando?* Me acercaba al final de la primera mitad de mi vida profesional sabiendo que iba a tener que cambiar el plan de juego para el segundo tiempo.

Ahora estaba en el medio tiempo.

Sabía que mi segunda mitad tendría que centrarse más en poner en línea mi tiempo, mi tesoro, mi talento y mi fe. Y gracias a Paul y a Robbie, había logrado reducir la lista de posibles cosas, a un grupo de jóvenes «pastores emprendedores» que habían formado iglesias muy grandes. Más allá de eso, no tenía ni idea de qué haría.

> Peter supo entender y apoyar mi visión para el «segundo tiempo», que se centraría en mi fe. Llámalo coincidencia o providencia, pero ese nuevo rumbo en mi vida se dio justo cuando Peter cambiaba su acento, del sector privado al sector sin fines de lucro.

Mientras pasaba todo eso yo seguía con mis reuniones periódicas con Peter y, por supuesto, le hablé de mi deseo de pasar a un «segundo tiempo» la segunda mitad, con mayor sentido y significado. Peter supo entender y apoyar mi visión para el «segundo tiempo», que se centraría en mi fe. Llámalo coincidencia o providencia, pero ese nuevo rumbo en mi vida se dio justo cuando Peter cambiaba su acento, del sector privado al sector sin fines de lucro.

Con todo, todavía había cosas inciertas. Los principios que él defendía para los gerentes y líderes,¿se traducirían a la comunidad de organizaciones que tanto dependen de voluntarios sin paga, con ingresos mayormente determinados por la generosidad de ciudadanos comunes en vez de la habitual «ecuación de valor» que encuentras en el mundo de los negocios? Peter descubrió muy pronto que el sector de las organizaciones sin fines de lucro presentaba un desafío único pero también, la oportunidad de literalmente cambiar al mundo. ¿Cómo podría resistirse a eso un hombre a quien le importaba tanto la condición humana?

Creía que la necesidad predominante en nuestra cultura era que logremos que nuestras vidas sean útiles, para nosotros mismos y para los demás. Y creía que las organizaciones sin fines de lucro eran las más adecuadas para lograrlo. Según Peter, las organizaciones sin fines de lucro eran de lo más efectivas para establecer «una comunidad que funciona y una democracia que funcionará el día de mañana».

Fue algo poco común, porque yo había decidido centrarme más en mi fe, y al mismo tiempo Peter había estado trabajando como consultor voluntario del Ejército de Salvación. Allí donde casi todos ven esa organización como un grupo de gente con una campana y una pava roja durante las fiestas, o en generaciones pasadas como una banda de músicos de uniforme que tocaba en las esquinas de la ciudad, Peter se dedicó a estudiarlos a fondo, y los tenía en alta estima: «El Ejército de Salvación es, por lejos, la organización más efectiva de los EE.UU.», dijo en una entrevista de *Forbes* de 1997. «Nadie logra acercarse siquiera a ellos en cuanto a la claridad de su misión, la capacidad para innovar, los resultados mensurables, la dedicación a lograr que el dinero rinda al máximo».

Sus elogios a la organización se convirtieron en el título de un libro que sobre ella escribieron Robert A. Watson y James Benjamin Brown: *La organización más efectiva de los EE.UU.: Secretos del liderazgo del Ejército de Salvación.* Aunque, más que en apoyo al libro, lo que reflejaban eran los muchos años que Peter había dedicado al estudio de esta organización, y su evaluación de lo efectiva que es para satisfacer necesidades humanas. Un día me dijo: «Tengo muchas ganas de conocer a la gente del Ejército de Salvación porque cuando me reúno con ellos me siento transportado. Tienen un espíritu maravilloso. Esa gente vive con gozo».

Conocía a los beneficiarios de los servicios del Ejército de Salvación: «Son los más pobres de los pobres, los más míseros de los míseros». Y se sentía identificado con la misión de transformar a los descartados de la sociedad. Pero lo más importante es que conocía el *excelente rendimiento* de la organización. Las tasas de recuperación para los que ingresaban en los centros de rehabilitación para alcohólicos del Ejército de Salvación, estaban cerca del cuarenta y cinco por ciento, en comparación con el veinticinco por ciento de casi todos los demás programas de tratamiento.

El programa de recuperación para delincuentes menores, con servicios de asesoramiento, es para quienes han sido aprehendidos por primera vez, y la tasa de éxito es casi del ochenta por ciento.

Según James Osborne, quien durante cuarenta años trabajó en el Ejército de Salvación y fue Capitán Territorial del Sur de los

EE.UU., en Atlanta, Georgia, la influencia de Peter en el Ejército de Salvación fue «beneficiosa, del tamaño de un mamut». Se me ocurren dos ejemplos. Una de las primeras cosas que hacía Peter como consultor de cualquier organización era preguntarles acerca de su misión, qué era lo que pensaban hacer. En un artículo del *Harvard Business Review*, escribió: «Las mejores organizaciones sin fines de lucro dedican muchísimo tiempo a la definición de su misión. Evitan las afirmaciones grandilocuentes, llenas de buenas intenciones y, en cambio, se centran en objetivos con implicaciones claras y directas para la tarea que realizan sus integrantes, sean pagos o voluntarios». Peter parafraseó en forma sucinta la declaración de misión del Ejército de Salvación, diciendo: «Tomar a los perdedores, los rechazados de la sociedad y convertirlos en ciudadanos que se respeten a sí mismos».

Peter también creía que el sector de las organizaciones sin fines de lucro debía evaluar el rendimiento de sus empleados de manera sistemática y rigurosa, como lo hace el sector privado y comercial. En vez de mantener a los empleados de bajo rendimiento, como suele suceder en las organizaciones sin fines de lucro, recomendaba evaluar con franqueza las deficiencias del empleado y brindarle capacitación adicional para corregir esos problemas de rendimiento. Es decir, darle una segunda oportunidad, pero manteniendo las mismas expectativas. A través de la influencia de Peter, el Ejército de Salvación estableció un sistema formal de evaluación de rendimiento de todos sus empelados. Y lo notable es que de los empleados con rendimiento deficiente a quienes se les brinda una segunda oportunidad, más o menos el sesenta por ciento vuelve a capacitarse con éxito y mejora su rendimiento, brindando un servicio productivo.

> Peter también creía que el sector de las organizaciones sin fines de lucro debía evaluar el rendimiento de sus empleados de manera sistemática y rigurosa, como lo hace el sector privado y comercial.

Lo más importante es que Peter trataba al Ejército de Salvación con el mismo respeto y profesionalismo que les ofrecía a sus clientes de más alto perfil, como General Motors. El hecho de que no le pagaran por sus servicios y que no fueran corporaciones multimillonarias no hacía que su trabajo con ellos fuera diferente. Él se ocupaba de ayudarles a hacer lo que hacían con mayor eficiencia y mejores resultados.

Para honrar sus años de generoso servicio, el 6 de noviembre de 2001 el Ejército de Salvación le dio uno de sus premios más importantes: el Evangeline Booth. Es un premio reservado a quienes han brindado un servicio distinguido durante mucho tiempo a la organización, a personas que reflejan «el espíritu, compromiso y visión innovadora de Evangeline, hija de los fundadores del Ejército de Salvación, William y Catherine Booth».

Peter veía al Ejército de Salvación como una organización completamente funcional, que efectuaba un aporte y que transformaba.

Para él eran esas las características que definían a cualquier organización exitosa, aunque sentía cada vez más que el sector social podía mejorar.

TRANSFORMAR LA ENERGÍA LATENTE DE LOS EE.UU.

Cuando empecé a hablarle a Peter de mi interés en hacer algo por un grupo de pastores, me estuchó con atención mientras intentaba explicarle qué tipo de iglesias llevaban adelante y de qué forma atraían a gran cantidad de personas que antes no tenían inclinación alguna por relacionarse con ninguna iglesia. Por lo que sé, no conocía nada de ese nuevo movimiento en el cristianismo norteamericano. Pero así como lo había visto tantas otras veces, Peter aprendía muy rápido. De hecho, fue él quien supo destilar mis pensamientos un tanto dispares hasta llegar a una declaración de misión que me ha guiado hacia mi «segundo tiempo» con sentido y significado. Fue uno de esos momentos que uno no olvida jamás.

Con entusiasmo Peter había aceptado una entrevista ante una audiencia bastante numerosa de emprendedores evangélicos, en una conferencia que organizaba la organización que Fred Smith y yo habíamos formado, y que se llamaba Leadership Network [Red de liderazgo]. La reunión se realizaría en el Hotel Biltmore de Los Ángeles. Renté un auto, para ir juntos desde Claremont hasta el hotel, y salí con tiempo suficiente como para que llegáramos con puntualidad. Finalmente, llegamos bastante temprano, mucho antes de la hora de la entrevista de Peter. Entonces fuimos a la suite que había reservado para él y después de volver a repetirle una vez más lo que yo quería hacer con el resto de mi vida, se quedó en silencio un momento y después dijo, con una voz que en mis oídos sonó como la voz de Dios: «Tu misión, Bob, es transformar en energía activa la energía latente del cristianismo estadounidense».

Así, nada más. Dio en el clavo. Tomó mis vagos pensamientos, todo eso que durante esos últimos años había estado fermentando en mi mente. Y supo decir con las palabras exactas qué era lo que yo quería hacer. Según la mayoría de los encuestadores, entre el setenta y el ochenta y cinco por ciento de los estadounidenses se consideran cristianos. Cualquier domingo hallarás que más o menos el cuarenta y cinco por ciento de ellos asisten a la iglesia. Pensarías que con tantos cristianos, tendríamos barrios más seguros, menos delitos, menos chicos que van con hambre a la escuela, matrimonios más sólidos y sanos, y muchas otras cosas de las que distinguen a una «sociedad en pleno funcionamiento» para decirlo como lo diría Peter. Pero lamentablemente no es así, a pesar de toda esa actividad religiosa.

¿Qué pasaría si todos esos cristianos tomaran su fe en serio y vivieran las enseñanzas de Jesús en el trabajo, en casa, en sus ciudades? ¿Qué ocurriría si pasaran de ser latentes a ser activos, de ir a la iglesia los domingos a *ser* la iglesia todos los días?

CONECTAR A LOS INNOVADORES

Sabía que necesitaba algún tipo de estructura o vehículo desde el cual operar, así que con ayuda de Fred Smith formamos Leadership Network, con la misión de, en ese entonces, «identificar, conectar y ayudar a los líderes cristianos de gran capacidad a multiplicar su impacto». Inicialmente, la idea era que fuéramos como mosquitos, para ver y escuchar a los líderes de las iglesias y a los pastores principales de congregaciones con más de mil personas como miembros activos.

Esperábamos promover entonces una corriente continua de innovación, al encontrar y conectar a esos innovadores entre sí. Queríamos que comunicaran y compartieran sus ideas para poder enseñar a otros en sus esferas de influencia. Usaríamos la credibilidad de esos pastores, no la nuestra. Porque seríamos la plataforma, no los protagonistas, o como lo dijo Peter en una ocasión: «El fruto de tu trabajo crece en el árbol ajeno».

La función de Leadership Network sería brindar conexiones, herramientas y recursos para que los líderes pudieran ministrar con mayor efectividad. Nuestra primera gran iniciativa era organizar una serie de reuniones en las que Peter pudiera hablar de lo que sabía, con grupos reducidos de pastores y líderes de la iglesia. Para ser sincero, yo no estaba seguro de que algún predicador de los EE.UU. supiese siquiera quién era Peter. Y en caso de que lo supieran, tampoco estaba seguro de que le vieran como guía confiable para su trabajo en el ministerio cristiano. No sabía con certeza si Peter estaría interesado en pasar su tiempo con un grupo de predicadores.

Cuando finalmente hablé de ese tema con Peter, básicamente me dijo algo como: «Bueno, sí, claro que *tenemos* que hacerlo». No teníamos en realidad una agenda, más allá de que yo quería que Peter hablara de lo que sabía y que tanto me había servido, adaptado a las iglesias. Pero, por lo demás, lo que teníamos por delante en Leadership Network consistía en identificar a los líderes de iglesia que se mostraban más receptivos a lo que pudiera enseñarles un «secular»; los invitaríamos a que acudieran a escuchar a Peter. En realidad, lo que pasó fue que no tuve que «vender» a Peter exactamente. Porque esa gente no solo sabía quién era él sino que habían leído muchos de sus libros y lo tenían en alta estima. Lo único que tuve que hacer fue mencionar su nombre y empezaron a hacer las reservaciones de asientos para los que iban a participar.

Para ser sincero, yo no estaba seguro de que algún predicador de los EE.UU. supiese siquiera quién era Peter. Y en caso de que lo supieran, tampoco estaba seguro de que le vieran como guía confiable para su trabajo en el ministerio cristiano. No sabía con certeza si Peter estaría interesado en pasar su tiempo con un grupo de predicadores.

Uno de los primeros pastores en responder fue un tipo llamado Randy Pope, que había iniciado Perimeter Church, un iglesia de Atlanta dinámica y muy exitosa. «Cuando recibí la invitación que decía que Peter Drucker sería el invitado, casi no pude creerlo», me dijo Randy hace poco. «Claro que conocía a Peter por su reputación, lo consideraba uno de los mejores. Estaba impaciente por oír qué podía decirle a un grupo de pastores».

Para ser sincero, también yo estaba impaciente.

9

PETER Y LOS PREDICADORES

«La función de la gestión en una iglesia es lograr que sea más iglesia que un emprendimiento».

—PETER DRUCKER

EL FOLLETO PROMOCIONAL del Centro Estes Park de la Asociacion Cristiana de Jóvenes (muy conocida como YMCA) en las Rocosas, promete un lugar para reuniones «donde la naturaleza inspira». Escondido entre las montañas, entre la ciudad de Estes Park y la entrada al Parque Nacional de las Montañas Rocosas, es un destino popular para grupos y personas que quieren escapar de las rutinas cotidianas de la vida. Hay corporaciones, organizaciones sin fines de lucro y entidades gubernamentales que envían allí a su gente para la formación de equipos, su inspiración y fortalecimiento. No importa tanto el viaje de unas dos horas desde el Aeropuerto Internacional de Denver, porque una vez que uno llega al lugar, lo que sea que le esté dando vueltas en la mente se esfuma muy pronto.

Es el lugar perfecto para un grupo de predicadores con muchas cosas dándoles vuelta en la mente.

Sería injusto generalizar diciendo que todos los pastores de las grandes iglesias son hiperactivos, pero la verdad es que no se logra levantar una iglesia de pocas familias hasta llegar a miles de miembros quedándose cruzado de brazos. Los pastores y líderes que invitamos a esa reunión, y también a las siguientes, eran hombres del tipo que hacen, se ocupan, trabajan duro. Machos alfa, digamos. Presiden reuniones, establecen visión, se preocupan por las finanzas, reclutan personal, planifican eventos especiales, predican sermones y eso mientras todo el tiempo se ocupan de las necesidades de las personas a las que sirven.

Por eso tenía sentido llevarlos a un lugar remoto en medio de la nada. Además del hecho de que en medio de las montañas había una estructura nada espectacular, llamada Cabaña Sanso, donde Peter y Doris pasaban un mes todos los veranos.

Mi nuevo emprendimiento, Leadership Network, consistía de tres personas: Fred Smith, Gayle Carpenter y yo. Lo que nos faltaría en cantidad y sofisticación lo compensábamos con pasión e ingenio. Por ejemplo, para llevar a los pastores desde el aeropuerto de Denver hasta Estes Park, rentamos tres grandes camionetas. Fred conducía una. Gayle conducía otra e insistió en que su esposo manejara la tercera. Gayle había ayudado a los pastores a arreglar sus vuelos para que todos llegaran al aeropuerto más o menos al mismo tiempo, y luego condujo la caravana de camionetas hasta Estes Park, por las montañas.

Era un plan sencillo. Dos días de Peter. Creo que podríamos haberles dado un par de horas libres cada tarde pero no recuerdo haber visto nunca a predicadores andando a caballo o aventurándose con la tirolesa. Con Peter tenían todo lo que querían y no se cansaban nunca. Fred y yo nos turnamos como moderadores pero básicamente en cada sesión Peter habló unas dos horas y lo escucharon absortos. Luego, hubo una media hora de dinámica con preguntas y respuestas. Interrumpíamos para almorzar o comer algo y después volvíamos a la reunión.

El salón de reuniones estaba bien equipado, con un podio y una pizarra blanca, pero Peter siempre prefería sentarse sobre una mesa con las piernas colgando, casi como un chico. He asistido a varios seminarios de «desarrollo profesional» y conferencias parecidas y, en general, a medida que pasan las horas cada vez quedan menos personas en el auditorio. Con Peter eso no sucedió. La única vez en que no le prestaban toda su atención era cuando bajaban la mirada, casi al unísono, para tomar notas sobre alguna idea importante y de esas hubo muchas.

GESTIONAR LA IGLESIA PARA QUE SEA MÁS IGLESIA

A pesar de que jamás habíamos anunciado un tema para ese evento o sus sesiones con los pastores, Peter básicamente tradujo sus ideas sobre la gestión y la administración al lenguaje y contexto que entenderían los pastores. Pero como les señalaba Peter siempre: «La función de la gestión en una iglesia es lograr que sea más iglesia que un emprendimiento». Años antes de que se criticara a las megaiglesias por parecerse tanto a emprendimientos comerciales con el ojo puesto en el mercado, Peter se anticipó a esa crítica y les advirtió a esos pastores sobre el riesgo de dejar de lado su misión. Les recordó que su éxito se debe más que nada al hecho de que sus iglesias eran pastorales, con lo cual indicaba que servían a las personas, entendiendo sus necesidades y ocupándose de sus almas. Entendía esa tendencia de las instituciones que poco a poco empiezan a existir para sí mismas y no para la gente a la que sirven. Por eso exhortó a aquellos hombres a que jamás olvidaran cuál era su llamamiento verdadero.

> Años antes de que se criticara a las megaiglesias por parecerse tanto a emprendimientos comerciales con el ojo puesto en el mercado, Peter se anticipó a esa crítica y les advirtió a esos pastores sobre el riesgo de dejar de lado su misión.

Y como sucedía siempre que se trataba de Peter, hizo bien su trabajo para prepararse, puesto que había sido profesor en el Programa Ejecutivo de Administración de Claremont durante treinta años y había observado que entre los asistentes siempre había cinco o seis pastores. A medida que creció su interés en el sector de las organizaciones sin fines de lucro se ocupó de conocer a esos pastores y mantenerse en contacto con ellos. Así que sabía bastante sobre las iglesias y sus líderes como para formar una conexión con el grupo que habíamos reunido en Estes Park. Pero sabía también que esos ministros no eran del tipo de los sacerdotes o pastores parroquiales con una congregación de tamaño promedio. Por eso, formulaba preguntas, tantas como las que respondía. Vi con claridad que Peter se hallaba en medio de un tipo de líderes en particular, representantes de iglesias muy distintos a los que habría visto antes. Y quería aprender todo lo posible de ellos.

También he asistido a seminarios y conferencias en las que la «estrella» desaparecía después de su presentación, pero Peter fue muy generoso con su tiempo. Simplemente, podría haberse ido, al terminar cada sesión, a su cabaña y relajarse. Sin embargo, se quedaba y parecía disfrutar en serio de su interacción con esos hombres. Durante las comidas iba pasando por las mesas para conocer mejor a cada uno de esos pastores y en el intervalo siempre lo veía en medio de algún grupito, escuchando en la misma medida en que hablaba.

La respuesta de los pastores fue universal. Uno por uno se fueron acercando a mí en alguna pausa para mencionar algo específico que hubiera dicho Peter y que tenía influencia directa sobre el trabajo que hacían en sus iglesias. Randy Pope, el pastor de Atlanta que mencioné antes, resumió el aporte de Peter de este modo:

Prácticamente todo lo que dijo se aplica a mi trabajo como pastor de una iglesia grande, pero hay dos cosas que se destacan. Me costaba la cuestión de cómo llevar a la gente de mi iglesia a una mayor profundidad y madurez en la fe, ese ir del sumar un poquito de iglesias a sus vidas a que fueran maduros seguidores de Cristo. Peter mencionó que conocía solo dos organizaciones que habían logrado marcar una diferencia perdurable en la gente. Las iglesias más grandes y Alcohólicos Anónimos (AA). Así que decidí estudiar un poco a AA para ver cómo lo hacían, para hallar cosas que pudiéramos tomar prestadas de ellos. Vi que había dos cosas clave en el éxito que tenían: la responsabilidad y padrinos calificados. Así que empezamos a formar grupos de cinco personas, con un líder efectivo y equipado, y eso literalmente transformó nuestra iglesia. De hecho, ha tenido tan buen resultado que tenemos a cientos de pastores del mundo entero que vienen a vernos para aprender a hacer lo mismo en sus congregaciones. Y se creó entonces un ministerio global aparte, que llamamos Ministerios Life on Life [Ministerios Vida a Vida].

También aprendí de Peter cómo ser lo más efectivo posible cual líder. Dijo que muy pocas personas pueden hacer bien tres cosas, o dos cosas siquiera. Casi todos sabemos hacer realmente bien una sola cosa, y una vez que la identificamos y nos entregamos por completo a ella, resulta que logramos marcar la mayor diferencia en los demás.

Durante una de las últimas sesiones yo estaba de pie, en el fondo del salón, y me invadió una fuerte e inusual sensación de emoción. Peter estaba allí al frente, sentado sobre la mesa con sus zapatillas deportivas y sus piernas balanceándose, como lo haría un chico. Un grupo selecto de pastores y líderes eclesiásticos, algunos de los más talentosos e influyentes de la nación, escuchaban arrobados como si pudieras sentir que estaban ansiosos por volver y poner en práctica lo que estaban aprendiendo. Peter hizo una pausa, con su sonrisa enigmática, y ahí me di cuenta. ¡Estaba sucediendo! Yo había dejado atrás mi carrera como empresario para ocuparme de algo mucho más grande pero siempre había estado ese dejo de duda en mi mente. ¿Lograría algo? ¿O solo extendería cheques para sentirme mejor? Al mirar a los que estaban en el salón, fue casi como si el Todopoderoso mismo me estuviese diciendo: «¿Ves? Y esto es solo el comienzo».

Peter hizo una pausa, con su sonrisa enigmática, y ahí me di cuenta. ¡Estaba sucediendo! Yo había dejado atrás mi carrera como empresario para ocuparme de algo mucho más grande.

Tuve que salir del salón, porque la emoción me embargó.

Así comenzó una serie de reuniones similares a esa, con Peter ante grupos de pastores y líderes de otros sectores sociales, que pasaban dos días enteros con él. De a treinta líderes a la vez, en cinco reuniones diferentes. Peter enseñaba por las mañanas y las tardes, y organizábamos los grupos con atención para que Peter pudiera conversar personalmente con los líderes durante las comidas. En total, ciento cincuenta líderes le contaron a Peter sus historias, sus problemas de gestión, y él iba absorbiéndolo todo porque era un estudioso vitalicio. Peter aprendía escuchando.

En mi oficina tengo una foto enmarcada que se parece un poco a la de esas reuniones de los que han egresado de la secundaria veinte años atrás: hay treinta y tres hombres posando, un tanto incómodos, sonriendo a la cámara, con las montañas como telón de fondo. Lamentablemente algunos ya no están, hombres como Art

DeKruyter, líder de una de las iglesias más dinámicas e influyentes del área de Chicago, Christ Church de Oak Brook. David Hubbard, ex presidente del Seminario Fuller, el seminario interdenominacional más grande del mundo. Ted Engstrom, ex jefe de la agencia internacional de asistencia World Vision. Eran importantes estadistas, que venían a brindar su apoyo a nuestros esfuerzos por formar y alentar a los pastores más jóvenes. Echo de menos su influencia y su amistad.

Pero cuando contemplo esa foto casi todos los días, lo que más me emociona es lo que sucedió en esa primera reunión y en las que siguieron. Veo a Leith Anderson, líder de una de las iglesias más grandes de Minnesota, Wooddale Church, que hoy preside la Asociación Nacional del Movimiento Evangélico. A Terry Fullam, que convirtió una pequeña congregación episcopal de unas cien personas de Darien, Connecticut, en una iglesia floreciente de más de mil miembros. A Larry DeWitt, que inició una nueva iglesia en Thousand Oaks, California, con seis familias y llegó a formar una congregación dinámica que hoy sirve como modelo para llegar a la generación de los mayores.

Y veo a un tipo de mediana edad, de Chicago, en la última fila. Tiene cabello rubio, la piel tostada y una intensidad como la del fuego.

10 MADURA O VETE A CASA

«Compré mil doscientos cajones de tomates y reuní a algunos de mis chicos de la secundaria, los más leales. Los vendimos de puerta en puerta y así recaudamos varios cientos de dólares. Y además, esos maravillosos chicos de la secundaria tenían empleos de medio tiempo y con sus limitados recursos hacían aportes que fueron ayudando a la iglesia en sus tambaleantes primeros pasos».

—BILL HYBELS

EN LA DÉCADA de 1970 Bill Hybels era un estudiante universitario de Kalamazoo, Michigan, que estaba a punto de graduarse de la escuela universitaria Trinity al norte de Chicago, con planes de iniciar su propia empresa. Pero uno de sus profesores en esa pequeña escuela cristiana les presentó a los estudiantes el desafío de repensar todo lo que creían saber sobre la iglesia. Hybels aceptó el desafío y se anotó como ministro de jóvenes en una iglesia cercana.

Sus reuniones de los miércoles por la noche se volvieron tan populares que los adolescentes de la vecindad llegaban a rentar los buses escolares para que les llevaran a oír la música no eclesiástica y las enseñanzas de la Biblia que tenían que ver con sus vidas. Hybels podría estar haciendo eso mismo hoy, excepto por la convicción de que Dios quería que iniciara un nuevo tipo de iglesia, específicamente apuntando a la gente que no asiste a ella.

Hybels es líder por naturaleza, con un don de emprendedor, por lo que fue de puerta en puerta por las calles de su lindo barrio suburbano. Durante varios meses, seis días a la semana y dedicando ocho horas diarias, llamaba a la puerta de las casas y preguntaba una sola cosa: «¿Asiste como miembro activo a una iglesia local?». Si la respuesta era afirmativa, le daba a esa persona las gracias por su tiempo y pasaba a la casa siguiente. Pero si la respuesta era «no», entonces venía la segunda pregunta: «¿Y podría decirme por qué no va a la iglesia?».

La mayoría de las personas decían que no y de ellos, casi el setenta por ciento contestaba de buena gana diciendo que estaban frustrados, que la iglesia les exasperaba. Hybels fue anotando todas las respuestas, pero había dos que se destacaban. Ante todo, la gente se quejaba de que la iglesia siempre andaba pidiendo dinero. Y, en segundo lugar, observaban que la iglesia era aburrida, rutinaria, predecible, «sin relevancia en mi vida».

Antes de irse Hybels siempre preguntaba: «Si hubiera en esta comunidad una iglesia que no estuviera detrás de su dinero y que hablara de temas que le son relevantes, una iglesia creativa, estimulante, práctica, auténtica y verdadera, ¿le interesaría asistir?». Muchos respondían que sí.

NACE UNA MEGAIGLESIA

El 12 de octubre de 1975 Hybels abrió las puertas de una sala de cine que había alquilado. La semana anterior había invitado a todos los que habían respondido favorablemente a su encuesta informal, unas mil personas, para que acudieran al primer servicio de la Iglesia de la Comunidad de Willow Creek. La sala tenía capacidad para mil personas, y Hybels estaba preocupado porque no alcanzarían los asientos.

Vinieron unas ciento veinticinco personas, incluyendo a su familia y sus amigos.

«Me sentí tan avergonzado —nos dijo Hybels a Peter y a mí en una de nuestras primeras reuniones—. Pero seguimos. Nos concentramos en el servicio de los domingos por la mañana. Usamos recursos dramáticos, multimedios, música que no sonaba a música de iglesia. Y me esforzaba por preparar sermones que tuvieran que ver con la vida de la gente, sermones relevantes».

También tuvo presente la primera queja que expresaban las personas. Durante los primeros seis meses Hybels dejó de lado una de las vacas sagradas de la iglesia: la ofrenda. No hablaba nunca del dinero y se las arregló usando parte de su experiencia en la producción mayorista (el negocio de su padre) para financiar los primeros meses del ministerio.

«Compré mil doscientos cajones de tomates y reuní a algunos de mis chicos de la secundaria, los más leales. Los vendimos de puerta en puerta y así recaudamos varios cientos de dólares. Y además, esos maravillosos chicos de la secundaria tenían empleos de medio tiempo y con sus limitados recursos hacían aportes que fueron ayudando a la iglesia en sus tambaleantes primeros pasos».

Seis meses después Willow Creek tenía ya cinco mil miembros y Hybels finalmente aflojó la cuerda. Poco antes de dar su sermón un domingo por la mañana, mencionó por primera vez el tema del dinero: «Amigos, esperamos que después de haber pasado seis meses sin decir siquiera la palaba *dólar*, estén convencidos de que no estamos haciendo esto para ganar dinero. Si hay quien sienta que esta iglesia le sirve bien y quiere efectuar una contribución, a la entrada encontrarán un plato para ofrendas. Solo pongan ahí lo que quieran, al salir».

UN PASTOR FUERA DE LO COMÚN

Conocí a Hybels a mediados de la década de 1980, por insistencia de Harold y Robbie. Según ellos, era precisamente el tipo de líder eclesiástico que yo buscaba: inteligente, emprendedor, dispuesto a usar los principios de la gestión y la administración para lograr que creciera su iglesia, mucho más de lo que hasta entonces crecían las iglesias tradicionales. Al entrar en su oficina vi enseguida que era un pastor fuera de lo común. Se veía como un ejecutivo de negocios y su intensidad era palpable. Me contó parte de su historia y en un momento se detuvo para mencionar que le causaba tristeza el hecho de que al mudarse de las instalaciones que había alquilado a un edificio propio, había agotado a una o dos generaciones de administradores.

Aprecié su sinceridad, lo mismo que su disposición a unirse a un grupo de otros líderes eclesiásticos en Estes Park. De hecho, la idea le encantó. Jamás olvidaré que estuvo allí sentado, callado como si fuera una brasa ardiente, durante dos días. Y de repente, de la nada, en una de las sesiones de preguntas y respuestas, dijo: «Vengo de Chicago y a mi iglesia vienen ocho mil personas, pero no sé bien qué es lo que tengo que hacer ahora».

Los demás asistentes casi se desmayan.

> Conocí a Hybels a mediados de la década de 1980... era precisamente el tipo de líder eclesiástico que yo buscaba: inteligente, emprendedor, dispuesto a usar los principios de la gestión y la administración para lograr que creciera su iglesia, mucho más de lo que hasta entonces crecían las iglesias tradicionales.

Así es Hybels. No estaba haciendo alarde de nada. Es que no se conformaba con ocho mil. Era implacable, incansable en cuanto al crecimiento de su iglesia, no por la cantidad de gente en sí, sino porque quería transformar, tomar a la gente que estaba en su infancia espiritual para que llegaran a ser seguidores de Cristo plenamente devotos y consagrados.

Fue Hybels quien acuñó la palabra «buscadores» para describir a los que no asisten regularmente a la iglesia pero sienten curiosidad acerca del cristianismo. Ese era su objetivo: usar un término del mercadeo aunque incluso en sus inicios de Willow Creek había tenido la bendición de contar con un grupo de cristianos comprometidos que ayudaban con la enseñanza y la asistencia a los que estaban en la búsqueda. Era exactamente lo que yo tenía en mente cuando me preguntaba qué pasaría si la iglesia aplicara las ideas de Peter sobre la administración para gestionar su misión. Linda, que es quien mejor me conoce en el mundo entero, me dijo en una oportunidad: «Estás loco por ese tipo ¿verdad?». Y tenía razón. Bill Hybels es lo que Jim Collins llama un «Líder de quinto nivel», esos líderes que tienen la mayor capacidad y habilidad para alcanzar el éxito, no para gloria propia sino para el bien de la gente que les sigue.

Hoy son veinticuatro mil las personas que asisten a Willow Creek (combinando la cantidad que asiste a los cinco recintos regionales en la ciudad de Chicago y alrededores). El centro del campus de South Barrington, de sesenta y dos hectáreas es una iglesia de casi 70,000 metros cuadrados. En esa edificación hay un estacionamiento para casi cuatro mil vehículos, que es el volumen de tráfico de los tres servicios, cada fin de semana.

El auditorio principal cuenta con 7,200 asientos, en tres niveles a los que se accede por ascensor y escalera mecánica. Y aunque no hay asientos «de los malos», dos enormes pantallas de plasma ofrecen «primeros planos personales» de todo lo que sucede en el escenario. Y lo que sucede en el escenario cautiva e inspira: de la mejor música, con cantantes y una banda propia formada por músicos profesionales; obras de teatro como las que verías en cualquier teatro de categoría; un cuerpo de danzas y, fiel a lo que se propuso Hybels, una predicación que tiene relevancia y relación con las vidas de quienes asisten al lugar.

Hybels me dijo en una ocasión que no pensaba que la predicación fuera su verdadero talento. Más bien, era un emprendedor.

Es cierto que con toda facilidad él podría ser el ejecutivo de una compañía de *Fortune 500*, pero sus sermones, tan sólidamente basados en las Escrituras, atraen tanto como la música y los recursos dramáticos. Al punto que, a veces, disminuye la cantidad de asistentes si él está de viaje y quien predica es alguno de sus muy capaces asistentes.

LA ESPERANZA DEL MUNDO

Willow Creek es grande y hermosa, pero no existe solo por sí misma. A partir de que Hybels cree en que «la iglesia local es la esperanza del mundo» se alienta a los miembros de la congregación a servir a los demás. El auditorio original que se construyó en 1981 hoy se usa para ministrar a la comunidad hispana del lugar. En los últimos veinte años, el ministerio C.A.R.S. (Christian Auto Repairmen Serving o Servicio de Mecánicos Cristianos) ha brindado transporte confiable a miles de madres solteras. Su centro de cuidados ayuda en el proceso de solicitar bonos de alimentos, controles de salud gratuitos y servicios de educación para la salud, además de consultas legales sin costo, consejería personal para empleos y clases de inglés como segunda lengua. También hay una despensa tradicional con productos frescos, carne, productos lácteos y otras cosas para las familias más necesitadas. La iglesia se ha asociado con una organización que brinda comida caliente y un lugar abrigado para dormir para los indigentes de Chicago. En términos globales, Willow Creek ofrece misiones de corto plazo, como viajes que pueden incluir la construcción de iglesias en Chile o la ayuda a los afectados por el VIH en Zambia. En total hay más de siete mil voluntarios de Willow Creek que brindan servicios con regularidad.

A riesgo de lucir como el tipo que vende cortadoras de verduras en televisión… digo: ¡Y hay más! En sus inicios, Hybels me dijo que se reunía personalmente con pastores que viajaban desde todo el mundo para aprender de él. Sencillamente no lograba hacer eso y al mismo tiempo liderar su iglesia, así que formó en 1992 la Asociación Willow Creek para brindar capacitación, visión y recursos a los líderes eclesiásticos. Hoy, esa asociación tiene más de 8,000 iglesias registradas como miembros, que representan a noventa denominaciones de treinta y siete países. Su Cumbre de Liderazgo Global de 2012 reunió a 170,000 líderes (70,000 de EE.UU., y 100,000 de 268 ciudades de 75 países, de 34 lenguas diferentes).

Y solo se trata de Willow Creek, una de las más de 1,500 megaiglesias en los Estados Unidos que brindan servicios similares a personas de comunidades nacionales y del mundo entero. Hay iglesias como la Presbiteriana del Redentor, que comenzó en la ciudad de Nueva York sin edificio en 1989, y que para 2006 surgió en una encuesta de Church Growth Today como la «Número 16 entre las iglesias más influyentes de Norteamérica». O la Iglesia Life de Tulsa, Oklahoma, y la Iglesia Crossroads Community de Cincinnati. O la Iglesia Oaks Hills de San Antonio. Prácticamente en cada una de las grandes ciudades de los EE.UU. vas a encontrar al menos una megaiglesia, o varias, lideradas por pastores emprendedores, y que se caracterizan porque los asistentes están comprometidos y hacen mucho más que solo presentarse el domingo por la mañana.

Peter fue indagando más y más en el fenómeno de la megaiglesia, por lo que su entusiasmo por lo que hacían crecía cada vez más. Había visto que en Europa occidental la iglesia sufría un gran deterioro, pensaba que eso había tenido que ver también con el deterioro de la cultura europea.

Peter fue indagando más y más en el fenómeno de la megaiglesia, por lo que su entusiasmo por lo que hacían crecía cada vez más. Había visto que en Europa occidental la iglesia sufría un gran deterioro, pensaba que eso había tenido que ver también con el deterioro de la cultura europea.

De la misma manera, creía algo similar de los Estados Unidos. En referencia a nuestra nación, expresó: «Si este país no sobrevive como nación cristiana, no sobrevivirá». Una sociedad plenamente funcional necesita de personas sinceras, honestas, de conducta ética, que se ocupa del prójimo, y Peter veía que la megaiglesia fomentaba esas cualidades en sus adherentes y, de allí, en sus comunidades. Lo hacían a escala mucho mayor que la iglesia tradicional que parecía empantanada en la noble misión de mantenerse a flote nada más.

No sé cuántas veces me aconsejó que trabajara con los pastores e iglesias que estuvieran dispuestos a arriesgarse a trabajar en pos de satisfacer las necesidades de la gente. En otras palabras, mi experiencia como emprendedor hacía que fuera la persona adecuada para acercarse a las iglesias con una visión más grande, no a las que solo intentaban sobrevivir.

Así era Drucker, liso y llano: construir sobre las islas fuertes. Buscar lo que está tratando de suceder. Su consejo trajo a mi mente el recuerdo de otro consultor que había contratado una vez para que hablara en una conferencia para pastores de megaiglesias. Les explicó a los que estaban allí que existen cuatro categorías de iglesias. A la primera categoría la llamó *saludable* y dijo que más o menos el quince por ciento de las iglesias de los EE.UU. eran verdaderamente saludables. A la segunda la llamó *neurótica*. Son iglesias con problemas, pero no lo saben. Dicen que todo está bien cuando en realidad no lo está. Y calculó que alrededor del cuarenta por ciento de las congregaciones estadounidenses cabían en esa categoría. Luego definió como *en declive* a las de la categoría siguiente. Iglesias en las que cada vez había menos gente saludable porque no se satisfacían sus necesidades. En su opinión, un quince por ciento de las iglesias de los EE.UU. estaban *en declive*. Y finalmente, estaban las iglesias a las que llamaba *fallecidas*. Son congregaciones en las que no hay gente saludable, ni nada sobre lo que se pueda edificar. Como decimos en Texas, pínchalas con un tenedor. Están muertas.

Cuando le conté a Peter sobre eso, estuvo de acuerdo en que hay una enorme cantidad de iglesias enfermas o en declive, o que sencillamente se mantienen tal como están. «La forma en que deciden qué hay que hacer consiste en seguir haciendo esas cosas que no funcionan», me dijo.

Para Peter, la salud y la efectividad de una iglesia tenía íntima relación con su particularidad como organización, en respuesta a un llamamiento a ser más. «La iglesia tiene que ser una comunidad, una comunidad con un centro espiritual, no social. El centro son los mandamientos, no las buenas intenciones. Hay una diferencia entre la iglesia y el club de tenis, y es el compromiso espiritual que solo la iglesia puede ofrecer. La iglesia no es una organización que brinde servicios».

Ese era un tema al que Peter se refería a menudo: la misión particular de la iglesia, ministrar primero a las necesidades espirituales de sus adherentes. Sentía que sin esa dimensión espiritual la iglesia pierde su efectividad. Señalaba como ejemplo de lo que pasa cuando la iglesia abandona su misión primaria, la muerte de lo que él llamaba «el cristianismo social». Una vez, mientras hablábamos de las distintas formas en que yo podría servir a la iglesia, me ofreció un consejo muy profundo, al que regreso casi todos los días: «Jamás olvides que el reino no es de este mundo y que no estás reemplazando a un sindicato».

¿SERVICIO AL CLIENTE EN LA IGLESIA?

Uno de los resultados de nuestras reuniones con Peter y los grupos de pastores fue que empezaron a contactarnos los seminarios. Querían saber qué estábamos enseñando para poder ajustar sus programas, que usaban para capacitar a los pastores «tradicionales». En respuesta a ello, Leadership Network condujo una encuesta muy amplia entre pastores que habían estudiado en seminarios. Carolyn Weese, reconocida experta en liderazgo eclesiástico, entrevistó a 105 pastores que representaban a siete de los principales seminarios evangélicos, para saber qué instituciones iban bien y cuáles estaban fallando.

Lo que vimos fue que los seminarios trabajaban muy bien en su tarea de enseñarles a los potenciales pastores cosas como la historia de la iglesia, la teología, el griego y el hebreo. Pero fracasaban en su preparación como líderes. Aquí van algunas de las respuestas textuales a la siguiente pregunta: «¿En qué se equivocan los seminarios?»:

- No aprendes a entender a las culturas
- No aprendes a ser líder
- No te enseñan habilidades relacionales
- Hay poco sobre el lado práctico del ministerio
- No te enseñan a gestionar
- Hay demasiada teoría y poco sobre el aspecto práctico
- No están conectados globalmente
- No te enseñan la visión del ministerio
- No te enseñan a usar los medios modernos

En otras palabras, los seminarios no producían líderes que llegaran a tener las mismas habilidades que demostraban poseer los pastores de las megaiglesias, lo que explicaba en parte el por qué de tantas iglesias tradicionales que iban cuesta abajo. Uno de los encuestados contestó: «Los graduados de nuestros seminarios salen a encargarse de congregaciones sin una visión del ministerio, sin capacidad para movilizar a sus miembros para que sigan una excelente agenda ministerial para Cristo ni para organizar ese tipo de misiones».

Creo que por eso Peter estaba tan fascinado con los que eran como Bill Hybels. Le encantaba ver que esas iglesias grandes le prestaban atención a las necesidades de sus «clientes» y se adaptaban para satisfacer esas necesidades. Parecía fascinado con el hecho de que ya estaban aplicando en su trabajo los principios de la gestión y la administración, del liderazgo profesional, algo que no siempre se ve en las organizaciones religiosas. (Para ser justos con los seminarios, desde el momento de nuestro estudio en 1993, muchos actualizaron sus programas de capacitación para futuros pastores.) Peter no tenía que sentir sorpresa al ver que esa nueva casta de pastores fuera tan sensible a sus consejos. Porque al igual que yo, muchos de esos ministros ya eran seguidores de Peter Drucker desde antes que yo organizara las reuniones con él. Parte del programa de desarrollo profesional para todos los jefes de departamento de Willow Creek, consiste en una guía de estudio del libro de Peter *The Effective Executive.*

> Creo que por eso Peter estaba tan fascinado con los que eran como Bill Hybels. Ya estaban aplicando en su trabajo los principios de la gestión y la administración, del liderazgo profesional, algo que no siempre se ve en las organizaciones religiosas.

Peter también reconocía que aunque las megaiglesias tenían la misma misión de llegar con el evangelio a los que no van a la iglesia, ayudándoles a madurar como seguidores de Cristo, no necesariamente eran clonadas o idénticas entre sí. Digamos que lo que funciona en los suburbios de Chicago no necesariamente va a funcionar en el sur de California.

11 INNOVACIÓN CON PROPÓSITO

«Básicamente, yo hacía lo que Peter había
enseñado que era la base de cualquier
empresa exitosa: conocer a tu cliente
y descubrir qué es lo que valora».

—RICK WARREN

CINCO AÑOS DESPUÉS de que Bill Hybels anduviera llamando a las puertas de las casas del medio oeste, un joven recién salido del seminario empacó con su esposa todo lo que tenían, lo metieron en un remolque de U-Haul, y se mudaron al condominio que habían alquilado en el condado de Orange, en California. Los dos tenían el apasionado deseo de iniciar una iglesia que fuera «un lugar en donde los que sufren, los deprimidos, los confundidos, puedan encontrar amor, aceptación, ayuda, esperanza, perdón y aliento».

Dos semanas después de desempacar, Rick y Kay Warren recibieron en su departamento a otra pareja, para estudiar la Biblia. Y meses después, el domingo de Pascuas, la Iglesia de la Comunidad del Valle de Saddleback ofrecía su primer servicio público en el auditorio de la Escuela Secundaria Laguna Hills, con 250 personas. Warren era un visionario ambicioso pero práctico, y había decidido que no iba a poner dinero en un edificio hasta que llegaran a reunir diez mil personas, un compromiso que hizo que esa iglesia tuviera una existencia nómade. Desde ese primer servicio en la escuela secundaria, Saddleback (como se la conoce comúnmente) ha pasado por unas ochenta instalaciones.

UNA IGLESIA BAUTISTA POCO COMÚN

Cuando conocí a Warren, me cayó bien enseguida. ¿Cómo no te va a caer bien un tipo con una sonrisa tan simpática, que te da un abrazo de oso casi sin conocerte? Su entusiasmo es casi como el de un chico y su humildad te hace sentir cómodo de inmediato.

«La gente quiere saber cuáles son mis secretos para alcanzar el éxito. Pero la verdad es que aprendí haciendo y aprendí más de mis errores que de mis aciertos», me dijo en una oportunidad.

Al pasar en auto por Willow Creek podrías pensar que el recinto es la sede global de una compañía de las de *Fortune 500*; cuando aparcas el auto en Saddleback, podrías pensar que estás en un parque temático bíblico. Hay un patio de juegos interactivos para niños que creó uno de los miembros de la iglesia, que es uno de los más importantes diseñadores de los parques de Disney. En el parque hay sutiles enseñanzas de la Biblia, y tienes el río Jordán y el Mar Rojo que puede «partirse» para que los chicos aprendan cómo fue el gran milagro de Moisés. Los chicos más grandes tienen una palestra, videojuegos de avanzada y reptiles de tamaño real en la «Sala Lagartija». El centro para estudiantes del ministerio en Saddleback se conoce como «La Refinería» y cuenta con tecnología de avanzaba. Allí, todos los fines de semana unos 2,500 jóvenes asisten a lo que se considera el mejor centro de enseñanza ministerial en todo el mundo.

Hay distintos nombres interesantes para los ministerios de Saddleback, porque te dan un vistazo el ADN de esa innovadora iglesia: «La selva», «Deseos», «Combustible», «Borde» y «Rebaño». Claramente, no es una iglesia bautista común y corriente, a pesar del hecho de que oficialmente Warren está afiliado a la Convención Bautista del Sur.

Cuando la congregación al fin edificó su propio auditorio, se trataba de una sala con 3,500 asientos. Eso significa que para que puedan asistir los veinte mil miembros, Saddleback tiene que ofrecer seis servicios cada fin de semana. Y cuando pastores como Hybels o Warren te hablan de esas cantidades, los críticos suelen acusarlos de que solo les interesa el tamaño. No hay nada más alejado de la verdad. Esos líderes eclesiales simplemente adoptaron uno de los importantes principios de Drucker: no basta con tener buenas intenciones. Siempre mide el resultado de tus esfuerzos para asegurarte de que aprovechas al máximo el tiempo y los recursos que inviertes. «Si vinieras a visitar Saddleback, encontrarías huellas dactilares de Peter en todas partes», me dijo Warren.

Al igual que Hybels y la mayoría de los que han iniciado iglesias que llegaron a tener miles de miembros activos, Warren se centró primero en sus potenciales clientes. Durante doce semanas caminó las calles, llamando de puerta en puerta, escuchando las razones que daba la gente para no ir a la iglesia. «Solo escuchaba y anotaba todo lo que me decían», me explicó Warren. «Básicamente, yo hacía lo que Peter había enseñado que era la base de cualquier empresa exitosa: conocer a tu cliente y descubrir qué es lo que valora».

> Esos líderes eclesiales simplemente adoptaron uno de los importantes principios de Drucker: no basta con tener buenas intenciones. Siempre mide el resultado de tus esfuerzos para asegurarte de que aprovechas al máximo el tiempo y los recursos que inviertes.

Aparentemente los que no van a la iglesia en la costa oeste tienen necesidades similares a las de sus contrapartes de South Barrington, Illinois. Warren vio que las dos principales razones por las que la gente no iba a la iglesia eran los sermones aburridos e irrelevantes y que siempre les estaban pidiendo dinero. Pero sus entrevistas también revelaron que había algunas diferencias. En esa comunidad la gente sentía que las iglesias eran más como un club privado y también les preocupaba dónde dejar a los niños.

«Ninguna de las razones por las que no iban a la iglesia tenían que ver con la teología. No hubo ni una sola persona que dijera que no creía en Dios. Es que no les gustaba ir a la iglesia, nada más», descubrió Warren.

Eso significaba que Warren ya tenía todo lo que le hacía falta para diseñar una iglesia que sí pudiera dar respuesta a las necesidades de una gran cantidad de clientes, y eso le permitiría cumplir con su misión de presentarles a Dios a las personas, ayudándoles a crecer en su fe para que a su vez sirvieran a otras. Sobre los inicios de Saddleback, nos dijo a Peter y a mí:

> *Le escribí una carta abierta a toda la comunidad diciendo que quería levantar una iglesia para aquellos que ya no querían los servicios tradicionales. Mencioné las cuatro quejas que la gente tenía respecto de las iglesias y les expliqué qué cosas haríamos de manera diferente. Los invité a venir y verlo con sus propios ojos el domingo de Pascuas. Luego, reuní a mi pequeño grupo de estudio bíblico, unas diez personas y, a mano, pusimos las estampillas y anotamos las direcciones en quince mil cartas, y las mandamos. Así fue que comenzó Saddleback.*

CONTINUA CORRIENTE DE INNOVACIÓN

Warren también le da crédito a Peter por ayudarle a entender como ser un líder efectivo.

«Fue Peter quien me enseñó que los líderes no empiezan por: "¿Qué es lo que quiero hacer?"», me contó una vez. «Más bien, los grandes líderes   siempre preguntan: "¿Qué hace falta hacer?"».

Y cuando se trata de la iglesia, es una diferencia importante. En muchos aspectos, el mundo (o al menos los EE.UU.), no quieren una iglesia más. Sospecho que muchos jóvenes y, también hoy, mujeres que salen del seminario querrían iniciar una iglesia. Esa sería la pregunta: «¿Qué es lo que quiero hacer?». Al preguntarse: «¿Qué hace falta hacer?», esos pastores de megaiglesias aprendieron a prestar atención a las necesidades que había en sus comunidades, para crear iglesias muy diferentes a las que tal vez funcionaran de maravillas con sus congregaciones pero que, en general, los que no asisten a la iglesia ignoran por completo.

Saddleback y Willow Creek ya tienen casi tres décadas de existencia, más que suficiente como para que se instalara en ellas la atrofia institucional que acosa a la mayoría de los emprendimientos que se inician. Hace varios años Lyle Schaller, un experto en crecimiento de iglesias, muy sabio y observador, sugirió que las iglesias pasan por cinco fases: el nacimiento, el crecimiento, la estabilidad, el declive y la muerte. En ese momento calculó que entre el sesenta y cinco y el setenta por ciento de todas las iglesias de los EE.UU. se encuentran entre la estabilidad y el declive. Sin embargo, esas grandes iglesias y otras que se les parecen, siguen creciendo y mostrando el mismo nivel de entusiasmo y pasión que tenían en sus inicios, jóvenes e idealistas. ¿Cómo lo logran?

En la década de 1970 ese tipo de iglesias era algo nuevo, altamente innovador. Experimentaban con diferentes formas de música y distintos estilos de adoración. Reinventaron todo el concepto de lo que es la iglesia: su aspecto, los servicios, la gente a la que apuntan. Pero la innovación de ayer puede ser el *status quo* de hoy. A través de mi trabajo con esas grandes iglesias pude aprender que nunca se duermen en los laureles sino que monitorean su efectividad todo el tiempo, siempre dispuestas a intentar algo nuevo si ven que lo viejo ya no funciona. Es lo que diferencia a la «moda» de lo que Peter llama «innovación con propósito». Y resulta del «análisis, el estudio sistemático y el esfuerzo, que puede enseñarse, reproducirse y aprenderse».

> A través de mi trabajo con esas grandes iglesias pude aprender que nunca se duermen en los laureles... Es lo que diferencia a la «moda» de lo que Peter llama «innovación con propósito».

Desde los inicios mismos de mi relación con Warren sentí que su punto más fuerte era que sabía pensar en sistemas ingeniosos. Lograba ver la imagen completa y de qué forma iban encajando las partes. En una ocasión, cuando Peter y yo nos reunimos con Warren, nuestra conversación pasó al tema de cómo ayudar a los nuevos conversos a crecer y madurar en su fe. Utilizando la analogía de un campo de béisbol, Warren describió a los nuevos creyentes como los que comienzan por la primera base. El objetivo era guiarlos a la madurez (segunda base), al ministerio (tercera base), y finalmente a la misión (*home*). Le explicó a Peter que al principio Saddleback comenzaba con clases especiales para los miembros nuevos; los que enseñaban eran cristianos mayores y más experimentados. Pero cuando monitoreaban esas clases vieron que los miembros nuevos siempre quedaban atascados en la primera base.

«Así que probamos con algo nuevo», nos explicó. «Vimos que los nuevos creyentes suelen crecer más rápido si los pones con otros nuevos creyentes, no con los más antiguos. Cuando unes a los nuevos creyentes, estarán más orientados a la acción. El problema de la mayoría de las iglesias estadounidenses es que enseñan demasiado y no hacen lo suficiente».

Esa misma disposición a no solo monitorear resultados sino a tener la osadía de matar a la vaca sagrada cuando se convierte en obstáculo fue lo que hizo que Willow Creek hiciera hace poco enormes cambios en la forma en que discipulan a los nuevos creyentes. Tras lo hallado a partir de una extensa encuesta entre los miembros de la congregación, y que realizó una firma profesional dedicada a la investigación, el equipo que tenía la responsabilidad de mandar a hacer la encuesta sentía ansiedad al tener que presentarle los resultados al jefe, Bill Hybels. En dos palabras, la encuesta reveló que todas las actividades diseñadas para ayudar a las personas en su crecimiento no estaban resultando. Pero después de la presentación, Hybels organizó una reunión de tres días, para repasar los resultados con los líderes principales de la iglesia. Antes de zambullirse en lo que podría ser una noticia devastadora para sus colegas que tanto habían invertido en el trabajo de la iglesia, les recordó que «los datos son nuestros amigos».

INNOVAR PARA LA ACCIÓN

Cuando empecé a trabajar con los pastores de las iglesias grandes en 1984, había más o menos seiscientas iglesias en los EE.UU. con asistencia semanal promedio de más de mil personas. Para 2012, la cifra había aumentado a más de seis mil. Peter me dijo en una ocasión que el ingrediente esencial del éxito es la corriente continua de innovación. La primera acción innovadora suele resultar difícil para muchos, pero si sigues con el segundo acto, el tercer acto y lo demás, ya se tratará de una disciplina más que de un don. Hará falta que los más comprometidos de la organización escuchen con atención a las personas a quienes sirven.

Si el primer acto, en el surgimiento de las grandes iglesias exitosas fue la construcción de enormes sedes e instalaciones, el segundo acto es el fenómeno que se conoce como iglesia «multisedes», en las que en vez de ampliar un edificio existente, las iglesias establecen sedes «satélite» para servir mejor a sus comunidades. Las iglesias como Life Church, con base en la ciudad de Oklahoma pero con quince sedes en todo el país, o la Iglesia Mars Hill, con base en Seattle pero con sedes en varios estados, son lo que uno llamaría iglesias de alta tecnología porque la música es en vivo y la atención pastoral y los grupos pequeños están a cargo de seres humanos reales, con un trasfondo laico. El pastor de la iglesia fundadora emite su mensaje, solamente el mensaje, vía DVD. Por ejemplo, en Life Church, cada una de las quince sedes oye el poderoso sermón que da uno de los mejores predicadores del país, que es Craig Groeschel. Esa innovación de las grandes iglesias proviene en parte del reconocimiento de que el ministerio tiene que ver con las personas, no con los edificios. De hecho, aproximadamente el cincuenta por ciento de todas las megaiglesias de hoy, son multisedes.

¿Qué pasa con el tercer acto? Bueno, aquí la cosa se pone interesante. El domingo de Pascuas de 2012, Life Church (que ya mencioné) informó que asistieron 71,000 personas. Pero en 177 distintos eventos de adoración en sus diferentes sedes. Eso significa que la reunión promedio de cada servicio era de solo 401 personas.

También la asistencia promedio de Mars Hills en cada uno de los servicios de Pascua fue de 479 personas. Parece que la tendencia muestra que a medida que las iglesias crecen y se hacen tanto más grandes, al mismo tiempo saben cómo lograr que haya un ambiente de intimidad. Es decir que la próxima innovación en las grandes iglesias tal vez sea la de buscar lo pequeño.

El subtexto del tercer acto podría ser que el crecimiento de la iglesia ingresará en lo que llamamos ciudades de segunda y tercera envergadura. En el círculo de las iglesias, la sabiduría convencional sugiere que el crecimiento se da principalmente en las grandes ciudades y sus suburbios. Pero la tendencia que sorprende es que las grandes edificaciones de iglesias van surgiendo en todo tipo de localidades. Cuando Linda y yo vamos en nuestro auto y recorremos los cuarenta kilómetros que hay desde nuestra casa de campo hasta Tyler, Texas, pasamos por cinco sedes de iglesias grandes del centro.

> Gracias a la influencia de Peter todo lo que hacemos apunta a la acción y los resultados: ¿Cómo podemos aplicar esas ideas de manera práctica, que ayude a la iglesia a transformar a la sociedad? Nos preguntamos básicamente lo siguiente: «¿Qué está haciendo Dios ahora? ¿Cómo podemos trabajar con él? ¿Qué es lo que sigue ahora?».

Son el tipo de cosas que hacemos en Leadership Network: observar, aprender, innovar y luego brindar recursos en forma de semillas, para lo que parece ser la siguiente gran cosa que está lista para suceder en la iglesia de Cristo. Tengo el privilegio de andar tan solo cuatro metros desde mi oficina para reunirme con líderes de megaiglesias en nuestro centro de colaboración. Más de cincuenta veces al año traemos a Dallas a pastores y líderes eclesiales para que todos podamos aprender, los unos de los otros. También facilitamos la formación de «Comunidades de liderazgo», que son grupos de diez a doce líderes que se reúnen con regularidad para soñar, crear y poner en acción ideas que se traduzcan en resultados tangibles. Gracias a la influencia de Peter todo lo que hacemos apunta a la acción y los resultados: ¿Cómo podemos aplicar esas ideas de manera práctica, que ayude a la iglesia a transformar a la sociedad? Nos preguntamos básicamente lo siguiente: «¿Qué está haciendo Dios ahora? ¿Cómo podemos trabajar con él? ¿Qué es lo que sigue ahora?». No hace mucho, después de hablar ante un grupo que habíamos reunido, Jim Collins me entregó una nota: «Han ayudado a crear el emprendimiento humano más sofisticado del mundo». A eso, digo simplemente: «Gracias, Peter».

A partir de mi experiencia en los negocios y con las iglesias, veo que la tendencia natural de las organizaciones es la del «endurecimiento de las arterias», en que se convierten en instituciones y se centran más en las necesidades de los empleados en vez de adaptarse a las necesidades de una base de consumidores que cambia muy rápido. Tanto se trate de una iglesia multisede, como de una que tenga un solo edificio, la clave del éxito para esas megaiglesias está en que se centran en las necesidades de las personas y no en mantener una organización.

Peter fue el tónico perfecto para las «arterias» de esas grandes iglesias. Y para las mías, también.

12 MENTOR Y AMIGO

*«Es a través de ti y tu amistad que conseguí
a mi avanzada edad una nueva e importante
esfera de inspiración, de esperanza, de
efectividad: las megaiglesias. No puedes
imaginarte lo mucho que eso significa
y ha significado para mí, y el profundo
efecto que ha tenido en mi vida».*

—PETER DRUCKER

EN 1997, EL editor del *ATLANTIC Monthly*, Jack Beatty, me entrevistó durante dos horas para un libro que él estaba escribiendo, *The World According to Peter Drucker* [El mundo según Peter Drucker]. Era algo que te hacía sentir importante, y eso que soy de Texas, y confieso que mientras esperaba el lanzamiento del libro sentí un poquito del síndrome de hubris. No era tan tonto como para pensar que todas mis observaciones de erudito aparecerían en el libro, pero dos horas de entrevista seguramente le habrían dado a ese reconocido periodista una buena cantidad de material que tendría su impacto. Cuando por fin pude comprar el libro, pasé rápido las páginas buscando mis palabras, todo lo que había hablado. Y descubrí que todo lo que había dicho de Peter había quedado reducido a unas pocas palabras: «Él es el cerebro y yo las piernas».

Después de recuperarme, me di cuenta de que esas pocas palabras describían con precisión nuestra especial relación. Peter me transmitía, así como a los demás también, su vasto conocimiento sobre cómo funciona el mundo y yo lo apliqué primero a mis negocios y luego al mundo de las grandes iglesias. Me presentaba desafíos con sus ideas y pensamientos, a lo que yo respondía con un plan de acción. Y, a menudo con ayuda de otras personas, lo ponía en acción. Ya no pienso que alguna de mis ideas fuera original o única, porque casi todo lo que sé sobre cómo gestionar y administrar un negocio o una organización sin fines de lucro, lo aprendí de Peter. Como ya escribí, y lo dije tantas veces, hace mucho que he dejado de tratar de definir cuáles ideas son mías y cuáles de Peter.

Beatty observó que Peter «es pensador, no académico», y «por sobre todas las cosas, es maestro». Es una distinción que excede a la semántica. A Peter le importaban los resultados, por lo que cuando me embarqué en mi primer libro, *Halftime*, me enseñó a «escribir para actuar». El obituario de la revista *The Economist* cuando Peter falleció, lo destacaba en contraste con los «clones académicos que producen trabajos sobre temas minúsculos en prosa ilegible». Su prolífico trabajo como autor jamás tuvo por intención impresionar a otros profesores, sino llegar a los gerentes, los que de veras gestionan, para darles el conocimiento que hará que sus organizaciones sean más productivas y eso a la vez contribuye a que la sociedad funcione más plenamente. Su influencia llegaba a muchos sectores. Para la década de 1980, casi tres cuartas partes de las empresas norteamericanas habían adoptado el modelo de descentralización que había defendido Peter en su libro *Concept of the Corporation*, en 1946.

> El obituario de la revista *The Economist* cuando Peter falleció, lo destacaba en contraste con los «clones académicos que producen trabajos sobre temas minúsculos en prosa ilegible».
> Su prolífico trabajo como autor jamás tuvo por intención impresionar a otros profesores, sino llegar a los gerentes, los que de veras gestionan.

Y, por supuesto, me había enseñado mucho, en especial porque yo buscaba sabiduría en cuanto a cómo darle el mayor sentido posible a la segunda mitad de mi vida. Tenía una asombrosa comprensión del contexto en el que yo operaba, que adaptó a mi búsqueda del sentido y el significado cinco preguntas básicas que había formulado para los ejecutivos:

- ¿Cuál es mi «negocio», mi función en esta tierra?
- ¿Quiénes son mis clientes o la gente a la que espero servir?
- ¿Cuáles son sus valores?
- ¿Qué resultados he tenido hasta ahora con ese grupo de clientes?
- ¿Cuál es mi plan, de ahora en adelante?

Sinceramente puedo decir que jamás habría podido entrar en el nuevo dominio de emprendimientos al que me sentía llamado, si Peter no hubiera sido mi mentor. Siempre creí, y sigo creyendo, que nadie es indispensable. Los que estamos en la iglesia decimos a veces que el Espíritu se mueve como quiere. Si Peter y yo hubiéramos elegido alguna otra organización o sector en donde invertir nuestros recursos, estoy seguro de que Dios habría hecho surgir a alguien más para lograr lo que ha hecho, por medio de las grandes iglesias de este tipo. Lo que sigo hallando como casi increíble es que nuestras vidas se cruzaron, esa forma en que nuestra relación fue creciendo hasta ser algo que no habríamos imaginado después de esa primera reunión que tuvimos en su casa de Claremont.

LO QUE PETER HIZO POR MÍ

Debido a la estatura y posición de Peter, no a otra cosa, los medios financieros y empresariales tomaron nota de su trabajo con las megaiglesias y además se mostraban verdaderamente intrigados porque pasara tanto tiempo en un mundo que para ellos era desconocido. En 2002, la revista *Inc.* publicó un artículo sobre Peter como mentor mío. En ese artículo que llevaba como título «El supermentor», por demás adecuado, pude identificar nueve cosas que definían la influencia que Peter tuvo en mi vida, en su función de mentor.

1. *Definió un paisaje ante mis ojos.* Gracias a Peter vi cuatro «horizontes» que guiarían mis esfuerzos en esa segunda mitad, ese segundo tiempo: el movimiento del éxito al sentido a mitad de mi vida; la realidad de que hoy la gente tiene opciones, y es ese quizá el cambio más grande del siglo veinte: que

las organizaciones sin fines de lucro necesitan gestión que busque resultados y rendimiento, no solo buenas intenciones; y que harían falta habilidades organizativas para que pudieran crecer las iglesias.

> Peter me ayudó a entender que la iglesia que se centra en el afuera representa una gran oportunidad social y que Leadership Network puede ayudar a tales iglesias a ser más efectivas en sus comunidades.

2. *Definió oportunidades, ese «espacio en blanco» de lo que hace falta hacer ahora.* Peter me ayudó a entender que la iglesia que se centra en el afuera representa una gran oportunidad social y que Leadership Network puede ayudar a tales iglesias a ser más efectivas en sus comunidades. La forma en que lo haríamos sería hallando líderes eclesiales a los que equiparíamos, gente dispuesta a comprometer tiempo y esfuerzo al uso y ejecución de prácticas gestionarias y organizativas en su labor pastoral. Luego facilitaríamos a esas iglesias la enseñanza de cómo podrían hacer crecer a sus pares.

3. *Me ayudó a ver con claridad mis puntos fuertes y mis capacidades.* Yo pensaba que mi punto fuerte era la perseverancia y el dinero. Peter disentía. Me dijo: «Tu punto fuerte es que ves la estructura arquitectónica de las cosas».

4. *Identificó los mitos, los falsos caminos, las suposiciones erradas de la «industria» en la que yo estaba trabajando.* Creo

que sabía que la gente que trabaja con organizaciones sin fines de lucro tiene una autoimagen de liga menor, en la que bastan las buenas intenciones. Por eso destacó que era necesario elevar los parámetros de rendimiento en mi trabajo con las iglesias y demás entidades.

5. *Me animó a «ir tras ello».* Peter siempre se ocupó de la acción. No se trata solo de soñar en grande, sino de concretar los sueños. Así que me enseñó que para construir iglesias grandes hacía falta un liderazgo efectivo pero al mismo tiempo me alentó a formar Leadership Network (con ayuda de Fred Smith). Y al ayudarme a ver que a las organizaciones sin fines de lucro les hacía falta la gestión efectiva, decidí unirme a Frances Hesselbein para crear la Fundación Drucker para la Gestión de Organizaciones sin fines de lucro. También, al ayudarme a entender que tenía por delante una segunda profesión u ocupación, entré en el «medio tiempo» y salí con un libro y una organización que ha creado un movimiento para emprendedores en su segundo tiempo, que hoy transforman a sus comunidades. Sin el aliento de Peter todas esas cosas no habrían sido más que sueños, no se habrían concretado nunca.

6. *Me ayudó a elegir las estrategias correctas.* Podría haberme quedado atascado, como un auto en medio del barro, con las ruedas girando en falso si Peter no hubiera estado a mi lado dándome su invalorable sabiduría. Uno de sus aportes más valiosos fue que hizo que no me enfocara en las denominacio-

nes y los seminarios, animándome a concentrarlo todo exclusivamente en los emprendedores de grandes iglesias.

7. *Afirmó los resultados.* ¿Cómo no sentirte motivado si Peter F. Drucker te dice (y lo repite en *Forbes*): «Las megaiglesias pastorales son seguramente el fenómeno social más importante de la sociedad norteamericana en los últimos treinta años»? Y también me dijo: «Bob, has logrado mucho más de lo que piensas». Peter no te reafirmaba de manera caprichosa. Más bien, siempre me mantuvo enfocado en el rendimiento y eso, para mí y también para él, significó transformar vidas.

8. *Señalaba dónde se desperdiciaba el esfuerzo.* Peter también me ayudó a *no hacer cosas.* O, como decía él en pocas palabras: «Si el caballo está muerto, desmonta». Cuando algo no funciona, o ya no lo hace como antes, abandono lo que estoy haciendo y redirijo los recursos a oportunidades más prometedoras.

9. *Hacía que rindiera cuentas (tratándome con gentileza).* Peter era muy bueno y amable pero directo cuando sentía que me hacía falta «corregir el rumbo». Una vez me dijo: «Cuando no obtengas resultados tal vez sea porque no sabes cómo lograrlo», y con ello sugería que, o bien tenía que aprender a hacerlo, o delegarlo en otra persona. Peter me mantuvo siempre en estado de constante renovación.

Con excepción de los doce apóstoles, no creo que nadie pudiera haber tenido mejor mentor.

Hace unos años le pedí a mi amigo Joe Maciariello si podía encontrarle sentido a las más de cien horas de transcripciones de lo que había grabado en mis reuniones periódicas con Peter. Joe colaboró con Peter en al menos dos libros y fue colega suyo como profesor en Claremont, aparte de ser coautor de una obra fundacional: *Drucker's Lost Art of Management* [El arte perdido de la administración de Drucker]. Lo que descubrió Joe entre otras tantas cosas es que como mentor, Peter sabía que también él aprendería de la persona a la que estaba apadrinando. Joe observó con astucia que cuando nuestras reuniones de consultas pasaron al área de las grandes iglesias, Peter sabía poco acerca del movimiento de las megaiglesias. Por eso, yo me convertí en mentor de Peter, en lo referido a un fenómeno que él no conocía.

En su investigación de mi relación con Peter, Joe también tuvo acceso a lo que llamo «los artefactos» de nuestras reuniones. Por ejemplo, halló una copia de una obra de arte que yo había encargado en conmemoración del cumpleaños número ochenta de Peter. Es una maravillosa descripción gráfica de Peter, creada por un calígrafo y artista llamado Timothy Botts. En un lindo marco, su obra presenta un mosaico de manos que se entrecruzan, y debajo aparecen frases de las famosas preguntas de Peter: ¿Quién es el cliente? ¿Qué valora el cliente? ¿De qué nos ocupamos? Cuando Peter lo vio, reaccionó diciendo con su fuerte acento austríaco: «Así es mi vida».

La lista de invitados a su fiesta de cumpleaños número ochenta era en sí misma un tributo a las tantas vidas que Peter había tocado: Andy Grove, cofundador y ejecutivo de Intel; Mort Myerson, ejecutivo de Electronic Data Systems y luego de Perot Business Systems;

C. Gregg Petersmeyer, asistente del Presidente George W. Bush y director de la Oficina de Servicios Nacionales; C. William Pollard, ejecutivo de ServiceMaster Co.; James Osborne, capitán del Ejército de Salvación; y cantidad de otros líderes del ámbito de los negocios, del gobierno y del sector de las organizaciones sin fines de lucro. Frances Hesselbein, entonces director de la Fundación Drucker y anteriormente jefe de las Niñas Scouts de los EE.UU., fue quien me ayudó a organizar ese memorable evento en la ciudad de Nueva York, al que llamamos «Un día con Peter F. Drucker: Celebración de su cumpleaños número 80».

A pocos días de regresar a Dallas recibí una carta de Peter, escrita a máquina y con las correcciones efectuadas a mano. Creo que era el hombre más cortés que haya conocido y ya me había acostumbrado a recibir notas parecidas de aprecio o aliento. Jamás perdía de vista el lado humano de cada ecuación, se tomaba el tiempo necesario para reconocer los aportes de las personas.

Sin embargo, esa carta era diferente. Porque al tiempo de agradecerme por la celebración de cumpleaños que había organizado junto a otras personas, reveló algo que todavía encuentro increíblemente humilde porque confirmaba al menos parte de lo que Joe pensaba: en las relaciones del mentor con su apadrinado, en realidad hay un ida y vuelta. Yo recibía la enseñanza y la amistad de Peter mientras mi vida se había enriquecido como jamás podría haberlo imaginado. El hecho de que mi emprendimiento y mis acciones en pos de darle mayor sentido a mi vida pudieran tener algún impacto en Peter ilustra muy bien lo que significa aprender a lo largo de toda la vida. Aquí reproduzco parte de la carta que me escribió:

Pero por sobre todo, esta es una carta de profundo agrade-
cimiento por lo que tú, Bob, has hecho por mí y por el tercer
«tiempo» de mi vida; estos últimos quince años aproxima-
damente. Es a través de ti y tu amistad que en mi avanzada
edad he ingresado en una nueva e importante esfera de
inspiración, esperanza y efectividad: las megaiglesias. No
puedes imaginar siquiera lo mucho que esto significa para
mí, lo que ha significado y el efecto profundo que ha tenido
en mi vida. Te debo tanto, por tu generosa disposición a
permitir que yo tuviera algo que ver en tu tarea tan tremen-
damente importante. No alcanzan las palabras para decirte
lo mucho que significan para mí tu amistad y tu confianza
en mí.

Con mi más profunda y afectuosa
gratitud,

Peter Drucker

En ese momento Peter no podía saber que su «tercer tiempo»
se prolongaría a lo largo de quince años más. O que la motivación
e impulso de su influencia haría que las grandes iglesias siguie-
ran innovando, experimentando y cambiando para que su tarea de
llevar a las personas a conocer a Dios fuera más efectiva, al tiempo
que las acompañaba en el proceso de crecer en su relación con
Dios. Esas iglesias brindarían también millones de horas de servicio comunitario, fuera de sus cuatro paredes.

13 LA CUESTIÓN DE DIOS

*«La humanidad necesita regresar a los
valores espirituales puesto que necesita
compasión. Necesita la experiencia profunda
de que el tú y el yo son una sola cosa, algo
que comparten las religiones más grandes».*

—PETER DRUCKER

SURGIÓ ENTONCES LA pregunta por parte de quienes conocen
a Peter como «el padre de la administración y la gestión modernas»,
y le veían reuniéndose con gente como Bill Hybels, Rick Warren y
yo: «¿Era Peter cristiano?».

En el aspecto existencial, en realidad, eso no me importaba,
especialmente en los inicios de nuestra relación. Yo busqué sus
consejos porque consideraba que era el pensador más brillante y
confiable del planeta. Incluso antes de conocerlo y luego forjar una
amistad con él, percibía al leer sus libros que él y yo teníamos un
espíritu parecido. Que era alguien que valoraba las mismas cosas
que yo. Jamás pensé en la religión a la que adhería, o si tenía alguna,
incluso cuando demostraba su compromiso con cualidades como
la honestidad, el juego limpio, la compasión y la decencia, que a

menudo se relacionan con la enseñanza judeocristiana. Yo buscaba los consejos de Peter para mis negocios, no para mi fe.

A pesar de que probablemente corresponda describir que mi propio sistema de creencias podría ubicarse en la categoría general del movimiento evangélico, nunca me sentí del todo cómodo con lo que se conoce comúnmente como «dar testimonio», ese hablar de mi fe con otros con el propósito de invitarles a adoptarla también. Sospecho que en parte se debe a que mi personalidad es un tanto introvertida, pero también porque siempre creí que la forma en que vivo dice lo mismo, o más, que lo que puedan expresar mis palabras. Parafraseando a san Francisco: «Predica el evangelio en todo tiempo y cuando sea necesario, usa las palabras».

Así que en los primeros años de nuestra relación es probable que haya hablado muy poco, o nada, de mi fe cristiana. Peter tampoco reveló mucho acerca de sus propias creencias religiosas. Pero cuando empecé a oír esa «voz quieta y callada» que me decía que había llegado el momento de hacer cambios en mi vida, no me pareció ni extraño ni incómodo hablar al respecto con Peter. Por el contrario, nos abrió todo un nuevo paisaje, a ambos. El interés de Peter en el sector de las organizaciones sin fines de lucro se vio reafirmado porque creía que la necesidad más importante de nuestra cultura era hacer que nuestras vidas fueran útiles para nosotros mismos y para los demás. Y era eso precisamente lo que yo intentaba hacer.

Ya para nuestra tercera o cuarta reunión anual, sentí que la relación se había afianzado, al punto que podía hablar de otras cosas que realmente me importaban. Lo que más me importa en la vida es descubrir y honrar el llamado que constituye mi responsabilidad ante Dios. Con timidez pensé en hablar del tema pero cuando estábamos saliendo de su casa para ir a almorzar al Griswold, le pregunté directamente:

—Peter, ¿eres cristiano?

—Bueno —respondió—, soy kierkegaardiano.

Luego me explicó que cuando tenía dieciocho años había traducido al alemán a un teólogo danés llamado Søren Kierkegaard, y que esa experiencia había tenido un profundo impacto en él.

—Sin embargo, mi aspecto religioso se ha visto atenuado desde esa época.

> Era la primera vez que cualquiera de los dos había hablado sobre la fe. Pero eso nos abrió la puerta para una cantidad de conversaciones subsiguientes, que fueron más allá de mis intereses comerciales y que al fin derivaron en mi profesión y carrera del «segundo tiempo».

Lo escuché, lo seguía como si supiera de qué estaba hablando. Por supuesto que no lo sabía. Pero luego, con ayuda de una enciclopedia (no había Google en ese entonces) me enteré de que Kierkegaard era un existencialista cristiano danés, extremadamente cínico respecto de la iglesia pero apasionado por su fe como persona. Criticaba a la iglesia patrocinada por el estado que, según él, permitía que la gente «se hiciera cristiana sin saber lo que significa serlo». Usando el diccionario vi que *atenuada* significaba «disminuida, de menor densidad y fuerza». Era la primera vez que cualquiera de los dos había hablado sobre la fe. Pero eso nos abrió la puerta para una cantidad de conversaciones subsiguientes, que fueron más allá de mis intereses comerciales y que al fin derivaron en mi profesión y carrera del «segundo tiempo».

Poco después nuestro único hijo Ross falleció en 1987. Se suponía que yo iba a volar con cuatro personas más en un pequeño avión privado que saldría de Colorado pero, a último momento, decidí que me quedaría en Colorado un día más. Lamentablemente, hubo una tragedia y ese avión cayó, mis cuatro amigos murieron. Quedé devastado y me sentí un tanto vulnerable. Entonces fui a ver a Peter y lo que me dijo sirvió para ayudarme a tomar la decisión en cuanto a cómo pasaría el resto de mi vida: «Sé que en este momento se ha exacerbado tu percepción sobre tu propia mortalidad, pero el hecho es que tienes todavía por vivir unos veinticinco años o más, y que serán los mejores veinticinco años de tu vida». Es decir: «Pon los pies sobre la tierra y empieza a trabajar».

Cuando empecé a explicarle mi interés en trabajar con pastores de iglesias grandes, vi con claridad que Peter estaba al tanto de su existencia. En una de nuestras consultas, supo poner en palabras lo que yo pensaba:

Me parece que te propones explotar una oportunidad única.
Has estado hablando de un «reavivamiento espiritual».
Y sabes que no me gusta mucho usar palabras tan reso-
nantes. Sin embargo, no hay dudas acerca de que el mo-
vimiento evangélico está creando un modo nuevo y distinto,

acercando a la iglesia al mundo moderno. Están creando una iglesia que encaja con la realidad de nuestra sociedad en la que la mayoría, o una minoría importante, consiste de personas instruidas y muy profesionales que al mismo tiempo cada vez son más conscientes de que necesitan algo más que este mundo, más que posesiones materiales, y más que éxito terrenal. El rápido crecimiento y formación de las megaiglesias crea la oportunidad para desarrollar una organización que ayude a los pastores y líderes de esas iglesias a aprender cómo liderar, organizar y administrar o gestionar esas organizaciones a medida que van creciendo.

Después, me dio una lección sobre historia de la iglesia, haciendo referencia al Primer Gran Reavivamiento que encabezaron Jonathan Edwards y George Whitfield, y al segundo, el de Lyman Beecher y Charles Finney. Recuerdo lo que pensé mientras me hablaba de las necesidades de la sociedad de hoy y las de aquellos movimientos espirituales históricos: *para ser un tipo que se dedica a la gestión, la verdad es que parece saber mucho sobre religión.*

Pero como ya había observado, Peter era mucho más que «un tipo que se dedicaba a la gestión». Su curiosidad le llevaba a aprender de todas las disciplinas y una de las mejores formas de aprender es enseñando, me dijo una vez. Peter enseñaba de todo, desde historia estadounidense hasta arte japonés o estadísticas y también, sí, religión.

Peter veía a la religión bien entendida por sus adherentes como una aliada de su visión para la consecución de una sociedad que funcione en plenitud. El compromiso con los principios de la creencia religiosa —cristiana u otra— efectuaba un aporte a la salud ética y moral de las personas, comunidades y naciones. En su libro *Landmarks of Tomorrow* [Hitos del mañana], Peter escribió: «La sociedad necesita regresar a los valores espirituales porque necesita compasión. Necesita la experiencia profunda de que el tú y el yo son una sola cosa, algo que comparten las religiones más grandes».

> ¿Por qué alguien que podía ganar
> mucho dinero como consultor de otras
> organizaciones iba a dedicar tanto tiempo
> en los últimos veinte años de su vida a gente
> como Bill Hybels, Rick Warren y yo?

Los que buscan «cristianizar» a Peter tal vez intenten señalar su trabajo con los pastores de las megaiglesias como indicativo de cuál era su creencia particular. Después de todo, ¿por qué alguien que podía ganar mucho dinero como consultor de otras organizaciones iba a dedicar tanto tiempo en los últimos veinte años de su vida, a gente como Bill Hybels, Rick Warren y yo? Por cierto, uno se siente tentado a pensar que Peter eligió a esas grandes iglesias porque compartía su teología; su doctrina cristiana y evangélica. Pero no fue eso lo que le atrajo a esa subcultura. Se trataba de que

Peter era fiel a lo que aconsejaba: construir sobre las islas fuertes. Estoy casi seguro de que si le hubiera pedido que trabajara conmigo en alguna de las principales denominaciones de las que perdían miles de miembros al año, con toda educación Peter se habría negado.

Ya fuera que creyera o no en todo lo que vendían esas megaiglesias, lo cierto es que se dedicó por completo al potencial que tenían: ser una influencia perdurable y positiva para la sociedad. Vio que en el futuro, esas grandes iglesias podían devolverle energía al cristianismo de su país, ocupándose con éxito de problemas sociales que ni el sector público ni el privado habían podido resolver. Hasta describió a la megaiglesia como «la única organización que funciona de veras en nuestra sociedad».

Que yo sepa, Peter nunca asistió a Willow Creek o Saddleback, ni a ninguna de las otras grandes iglesias a las que llegaba su influencia. A menudo acompañaba los domingos a Doris hasta la pequeña iglesia episcopal de Claremont, aunque su conocimiento del Antiguo Testamento, y también del Nuevo, era impresionante. Muchas veces hacía referencia a pasajes y enseñanzas específicas en sus charlas. Conocía bien las Escrituras y me alentaba a estudiar la Biblia en mayor profundidad.

En una ocasión, cuando en nuestra charla reflexionábamos sobre cómo haría yo la transición de dirigir mi compañía de televisión por cable hacia el ámbito del trabajo con líderes de megaiglesias, ambos dijimos que se trataba de una notable convergencia de la oportunidad con la necesidad. Y Peter agregó: «Siempre sostengo que la frase de *marketing* más importante es la maravillosa "cuando se cumplan los tiempos" que está en la Biblia. Es lo que ha pasado contigo: la oportunidad que sale al encuentro de una mente preparada».

Como ya indiqué, no tengo intención alguna de pintar a Peter como cristiano evangélico, porque no lo era. Porque aunque respetaba y admiraba a esa tajada del cristianismo en particular, era claro que los observaba y aconsejaba desde afuera. Muchas veces describí a Peter como el discípulo fiel que no anda anunciando su fe por allí. Se dedicaba a su iglesia local y a sus líderes, pero era consejero de líderes de muchas tradiciones religiosas.

Poco antes de morir Peter le dio una entrevista a Tom Ashbrook, conductor del programa de radio nacional *On Point*. Sería su última entrevista, aunque no lo sabíamos entonces. Después de casi cuarenta y cinco minutos de diálogo sumamente interesante Ashford no pudo resistirse a hablar de la cuestión de Dios.

—Peter Drucker —comenzó—. Tengo una última pregunta y espero que me la responda sin pensar que soy demasiado codicioso. Ha vivido toda una vida centrándose intensamente en la vida y cómo se vive. Y hoy tiene noventa y cinco años. ¿Qué hay de la vida después de la vida? ¿Qué hay de Dios? ¿Qué piensa acerca de la transición a la que inevitablemente se acerca?

Peter no dudó.

—Bueno, es que resulta que soy un cristiano muy convencional ni tradicional. ¡Punto! No pienso en ello. Es como me lo dicen. No tengo que ocuparme de pensar en ello. Tengo que ocuparme de decir: «¡Sí, señor!».

—Seguramente es algo que le consuela y tranquiliza —comentó Ashbrook.

—Así es, y todas las mañanas, y todas las noches digo: «Alabado sea Dios por la belleza de su creación. Amén».

Peter siempre se esforzaba por no ofender a nadie, en especial si se trataba del tema de la religión. Sabía que cualquier cosa que dijera podía causar que los demás opinaran que no era imparcial, o que pensaran que favorecía a una secta o subgrupo en particular, y eso sería un obstáculo para su objetivo principal. Porque Peter no pensaba que fuera tarea suya difundir el evangelio.

Su misión consistía en ayudar a salvar a la sociedad.

14 SALVAR A LA SOCIEDAD

Ahora depende de nosotros.

—JOHN BACHMAN

LOS QUE ME conocen bien podrán describirme de distintas formas, que pueden ser elogiosas o no. Pero dudo que haya alguien que piense que soy pesimista. Nunca entré en el juego de la tristeza generada por el temor y los malos finales, y en general intento evitar a quienes insisten que el mundo va camino a la perdición. Aunque pienso que mi visión de las cosas es realista suelo centrarme en el éxito, no en el fracaso. Prefiero estar a favor de algo y no en contra. Sospecho que ese es un prerrequisito para cualquier emprendedor, y el aliento que recibí de Peter por cierto ampliaba mi percepción de que con un poco de trabajo y las estrategias adecuadas puedes alcanzar resultados prodigiosos.

Sin embargo, tengo que confesar que mi alma se ha sentido invadida por una sensación de urgencia que crece, cuando se trata de dar rienda suelta a la energía latente del cristianismo estadounidense. Podría decirse que hoy necesitamos la influencia de Peter más que nunca, y el ámbito de las organizaciones sin fines de lucro es un área en la que hallo esperanza. Peter me dijo una vez que las organizaciones más efectivas del mundo son las organizaciones sin fines de lucro. Creía que si se las gestiona y administra bien, podrían convertirse en los mejores medios para satisfacer necesidades humanas y aliviar el sufrimiento. Y a su vez, tales organizaciones podrían satisfacer las necesidades de voluntarios con hambre de realización personal y un sentido de ciudadanía. Creo que fue eso lo que vio que sucedía cuando estudió lo que era la megaiglesia. Y en tal sentido Peter halló un vehículo que quizá pudiera ser capaz de salvar a la sociedad, o que al menos trabajara en tándem con otras organizaciones sin fines de lucro bien administradas, y así contribuyera a una sociedad en pleno funcionamiento.

> Peter me dijo una vez que la organizaciones más efectivas del mundo son las organizaciones sin fines de lucro. Creía que si se las gestiona y administra bien, podrían convertirse en los mejores caminos para satisfacer necesidades humanas y aliviar el sufrimiento.

Fue a causa de su entusiasmo por el trabajo con la comunidad de las organizaciones sin fines de lucro que Frances Hesselbein, John McNeice, Richard Schubert y yo creamos la Fundación Peter F. Drucker para la administración y gestión sin fines de lucro, en 1990. Conscientes de que Peter no quería que se le pusiera su nombre a ninguna institución Frances, Dick y yo decididos aparecernos un día en el venerable Hotel Griswold. Armados con atriles, papeles y docenas de lapiceros de fibra dibujamos, diagramamos y al fin armamos lo que sentíamos era una forma honorable y eficiente de ayudar a que las organizaciones sin fines de lucro sirvieran de manera más efectiva a sus «clientes», basándose en las ideas de Peter.

Cuando le presentamos nuestro plan ese mismo día un poco más tarde a Peter, como era de esperar, nos dijo que no quería que se usara su nombre para esa nueva fundación. Parecía que todo nuestro trabajo había sido en vano, con lo que nos encogimos de hombros y nos fuimos todos de regreso con Peter a su casa. Mientras estábamos cenando seguimos hablando de la idea de ponerle el nombre de Peter a una fundación pero, en un momento, Doris dijo en tono abrupto: «No, no lo harán». La verdad es que me convencí de que habíamos estado perdiendo el tiempo.

Sin embargo, esa misma noche hubo un rayito de esperanza. Kathleen, una de las hijas de Peter, se me acercó y dijo en voz baja: «No te preocupes. Eso sucede todo el tiempo. Sigue adelante con tus planes y todo estará bien». Al día siguiente en la sala de conferencias del Griswold estábamos afinando detalles sobre la estructura y el diseño de la fundación cuando entró Peter y dijo, en consonancia con las proféticas palabras consoladoras de su hija Kathleen: «Todo está bien». Sonrió, y agregó: «Doris dice que sí y yo también».

UN MILLÓN DE ORGANIZACIONES QUE TRABAJAN PARA SALVAR A LA SOCIEDAD

Frances, que como líder es notable por derecho propio, acababa de jubilarse como ejecutivo de las Chicas Scouts. Por años fue presidente y ejecutivo de la Fundación Drucker, sin recibir paga alguna por ello. Yo era el director fundador. El resumen que hizo Frances del propósito de la fundación refleja la confianza de Peter en lo que pueden hacer las organizaciones sin fines de lucro por la sociedad si la gestión es buena: «Nos dedicamos a apoyar a un millón de organizaciones del sector social, comunicando y compartiendo la visión de que haya niños sanos, familias fuertes, escuelas adecuadas, barrios decentes y todo eso dentro de una comunidad inclusiva, con cohesión».

Desde sus comienzos, que no fueron espectaculares por cierto, la organización ha capacitado a más de 11,000 líderes de organizaciones sin fines de lucro, brindando capacitación como facilitadores a 1,500 instructores que trabajan con organizaciones sin fines de lucro. También la fundación ha sido responsable de la publicación de trece libros y el lanzamiento de cuatro videos sobre liderazgo, administración, innovación y cambio para los líderes del sector social. En 2003, la fundación hizo el documental *Peter F. Drucker: An Intellectual Journey* [Peter F. Drucker: Una jornada intelectual], que se transmitió por la cadena televisiva estadounidense CNBC. Más recientemente, después de cambiar su nombre a Leader to Leader y ahora, con su nueva designación como el Instituto de Liderazgo Frances Hesselbein, la organización se ha diversificado y trabaja con ejecutivos de corporaciones, promoviendo también una relación fructífera con el Ejército de EE.UU. y la academia militar de West Point.

Mientras tanto, guardo distancia de la política pero sí tuve que ver con el cabildeo en una ocasión, lo que solo hice por mi amigo Peter. Unos años antes de que Peter muriera Doris me había llamado aparte para decirme: «Mira, Bob, Peter tiene tres queridos amigos: Bob Buford, Bob Buford y Bob Buford». Claro que tenía muchos amigos, pero la observación de su esposa era muy creíble aunque solo fuera porque Doris es una persona muy directa, de las más directas que pueda haber. Lo que comenzó como una relación comercial de veras había llegado a ser una amistad como ninguna de las que haya tenido, con excepción de mi amistad con mi esposa.

De modo que como tributo no solo al aporte de Peter a la sociedad, sino a mí en lo personal también, decidí que metería la punta del pie en las aguas del capital político que tenía, aunque fuera tan poco, por mi relación con mi ex gobernador. Porque este, en ese momento, era el cuadragésimo tercer presidente de los Estados Unidos: George W. Bush. Mi idea era pedirle que pensara en la posibilidad de otorgarle a Peter la Medalla Presidencial a la Libertad, el más alto reconocimiento a un civil en los Estados Unidos. Sabía que el presidente era siempre quien elegía al premiado y aunque no conocía bien a Bush, sí existía cierta relación, él me había puesto el mote de Bobby Boy. Supongo que era la forma de recordar la enorme cantidad de nombres que tiene que guardar en su memoria un político.

El problema estaba en que por mucho que me lo propusiera, no tenía cómo llamarlo para hacerle ese pedido, tampoco tenía su número de teléfono celular. Pero, por dicha, yo había formado parte de un grupo pequeño de Dallas con Clay Johnson, compañero de cuarto del presidente Bush en la Universidad de Yale, y hombre instrumental en la ayuda que se le brindaba al Presidente para que eligiera a quienes cubrirían funciones o puestos clave. Así que me puse en contacto con Clay y propuse que se considerara a Peter para la Medalla a la Libertad. Es evidente que el Presidente estuvo de acuerdo porque en 2002 Peter fue uno de los doce premiados.

Linda y yo tuvimos el honor de estar junto a Peter, su familia y unos pocos amigos más en la impresionante ceremonia realizada en la Casa Blanca. Asistieron algunos dignatarios de Washington como Condoleezza Rice y Colin Powell, que se sentaron en primera fila. El presidente estaba de pie tras un podio y llamaba a cada una de las personas honradas con ese galardón, para que subieran a la pequeña plataforma. Después de una breve reseña que leía un oficial militar, a cada uno le fueron poniendo la medalla a modo de collar. El reconocimiento incluyó a Hank Aaron, Bill Cosby, Plácido Domingo, Katherine Graham, el Dr. D. A. Henderson de la Organización Mundial de la Salud, el escritor Irving Kristol, Nelson Mandela, Gordon Moore de la Corporación Intel, Nancy Reagan, Fred «Mr. Rogers» Rogers, y A. M. Rosenthal.

En mi humilde opinión, Peter no solo pertenecía a ese augusto grupo, sino que se destacaba entre ellos. Aunque caminaba con bastón no aceptó la ayuda que le ofrecían sino que caminó con paso firme hasta el Presidente e inclinó la cabeza con modestia para que le pusieran la medalla. El Presidente, sabiendo que yo había tenido que ver, me guiñó el ojo y antes de ponerle la cinta alrededor del cuello a Peter, me miró y dijo: «Hola Bob», solo moviendo los labios, sin voz. Luego, en un gesto que probablemente la mayoría ni siquiera notara, el Presidente Bush le palmeó afectuosamente el hombro a mi amigo Peter.

Ese fue el último viaje largo en avión que haría Peter.

AHORA ES TU TURNO

La noche antes de la ceremonia de entrega de premios organicé una cena íntima para Peter. La lista de invitados se limitaba a su familia y un puñado de amigos como John Bachmann, socio director de servicios financieros de la firma Edward Jones; Bill Pollard de ServiceMaster, y Frances Hesselbein. Peter había llegado al aeropuerto ese mismo día y después de que durmiera una siesta nos reunimos antes de la cena con todos los demás en un salón privado del hotel donde se alojaba Peter.

Después de cenar, Peter y yo caminamos rodeando la mesa para que todos tuvieran la oportunidad de decirle algo, hubo muchos recuerdos y felicitaciones. Peter expresó su gratitud a todos, fue una reunión realmente cálida e íntima, tal vez más que cualquier otra en la que hayamos estado Peter y yo con un grupo.

> Una de las últimas cosas que dijo Peter antes de que nos fuéramos cada uno a su casa fue que sentía que ya no le quedaba mucho. Fue entonces que John Bachman cerró la noche con una afirmación que todavía sigue resonando en mis oídos, para bien: «Bueno, ahora depende de nosotros».

Una de las últimas cosas que dijo Peter antes de que nos fuéramos cada uno a su casa fue que sentía que ya no le quedaba mucho.

Se acercaba a su cumpleaños número noventa y tres y aunque seguía escribiendo, sabía que no tenía la energía ni el tiempo como para seguir con el ritmo continuo que había llevado durante toda su vida profesional.

Fue entonces que John Bachman cerró la noche con una afirmación que todavía sigue resonando en mis oídos, para bien: «Bueno, ahora depende de nosotros».

Y así es, porque sigo albergando el optimismo en mi corazón y creo que podemos llegar a tener la sociedad plenamente funcional a la que Peter dedicó su vida. No será fácil, aunque no hay nada importante que pueda conseguirse sin sacrificios y luchas. Harán falta personas de buena voluntad, generosas, dispuestas a invertir de su tiempo, dinero y talento, en emprendimientos destinados a mejorar sus barrios y sus comunidades. Aunque creo que la mayor esperanza para el mundo proviene de la iglesia, también me adhiero a la visión general de Peter de que hacen falta personas de todos los sectores de la vida, y de distintas profesiones de fe, que trabajen juntas para proteger al mundo de la tiranía; personas buenas, honestas e industriosas que efectúen su aporte como padres y madres, vecinos, trabajadores y líderes.

EL INSTITUTO DRUCKER

Después de esa última reunión con Peter, mi joven colega Derek Bell y yo asistimos a una reunión de directorio de lo que entonces se conocía como los Archivos Drucker. Sentados alrededor de la mesa de conferencias en el edificio que financiaba Bill Pollard, ejecutivo de ServiceMaster en honor a Peter debíamos debatir acerca de si la Universidad de Claremont (CGU, por sus siglas Claremont Graduate University) brindaría su pleno apoyo a la visión que teníamos

de llevar las ideas de Peter a nuevos sectores en formas novedo-
sas. Para ese momento también la familia Drucker se aprestaba a
determinar si la universidad podría y debía sostener el legado de
Peter, o si había que mudar sus archivos a una institución como la
Escuela de Negocios de Wharton o la Universidad de Nueva York,
que habían expresado su interés. Sentí que me correspondía la
tarea, que para mí era un privilegio, de seguir adelante con las preguntas y usé para ello una conmovedora frase de la popular canción
de Louis Jordan de la década de 1940, que formulé dirigiéndome
a Robert Klitgaard, el entonces presidente de la CGU: «¿Serás tú,
o no lo serás, mi chica?». Es decir, ¿podríamos contar con que la
CGU se asociara con nosotros con el fin de perpetuar el trabajo y las
ideas de Peter Drucker?

El presidente de la universidad apoyó nuestra visión y nos
animó a soñar con la idea de inaugurar un instituto en vez de mantener nada más que un archivo, y arguyó que lo proponía por la sola
razón de que cuesta más despertar entusiasmo por un montón de
cajas guardadas en algún lugar. Ante esas palabras de apoyo, uno
de los de nuestro grupo preguntó: «¿Y quién lo hará? Vamos a nece-
sitar a alguien que le dedique tiempo y energías a esto para que se
concrete».

Sin dudarlo, señalé a Derek y dije: «Él lo hará».

Sabía que Derek se metería de lleno en la oportunidad de
formar parte de un desafío monumental. Aceptó de muy buena gana
y durante los siguientes dieciocho meses voló de Nashville, Tennes-
see a Claremont, California, para echar los cimientos de lo que sería
luego el Instituto Drucker.

El primer paso importante en esa transición de ser solo un archivo a la siguiente etapa de conformar un instituto, fue en mayo de 2006. Encabezados por Derek, veintenas de importantes pensadores y emprendedores afines al pensamiento de Drucker se reunieron en Claremont para responder una pregunta: «¿Cuál es el legado de Peter Drucker?».

Entre los asistentes se contaban Jim Collins, autor de exitosos libros como *Good to Great* [De bueno a grandioso] y *Built to last* [Construido para que perdure]; Paul H. O'Neill, ex Secretario del Tesoro de los EE.UU., y ex presidente de Alcoa; A. G. Lafley, en ese momento presidente y ejecutivo de Procter & Gamble; Nobuhiro Iijima, ejecutivo de la multimillonaria Yamazaki Baking Co.; y Masatoshi Ito, fundador y presidente honorario del Grupo Ito-Yokado, la más grande cadena de venta minorista de Asia.

La respuesta que ese distinguido grupo halló a la pregunta formulada fue que el legado de Drucker era mucho más que las memorias de ese hombre o incluso sus escritos. El legado de Drucker, dijeron, es una colección de ideas e ideales sobre los que debieran actuar las futuras generaciones de líderes responsables de compañías y comunidades en las que trabajamos y vivimos como sociedad.

Llegó luego el momento en que me nombraron presidente de una junta de consejeros con cada vez más integrantes que encabezarían y trabajarían para el Instituto Drucker. Desde entonces he seguido apoyando y guiando a un grupo de personas llenas de energía, encabezadas por Rick Wartzman, que ocupara en el pasado puestos de editor en jefe de *The Wall Street Journal* y *Los Ángeles Times*, en el que su equipo ganó un premio Pulitzer. Hoy, con un equipo que trabaja a tiempo completo en la sede principal de Claremont, el Instituto Drucker sigue actuando según esa visión que se formó en la reunión de 2006. En su trabajo por cumplir con su misión de «fortalecer a las organizaciones para fortalecer a la sociedad», el instituto lleva adelante una cantidad de programas clave. En dichos programas las ideas e ideales de Peter se han convertido en herramientas tan prácticas como inspiradoras. En los últimos seis años, ese trabajo ha llegado a miles de personas, transformando sus vidas.

> Hoy, con un equipo que trabaja a tiempo completo en la sede principal de Claremont, el Instituto Drucker sigue... su trabajo por cumplir con su misión de «fortalecer a las organizaciones para fortalecer a la sociedad».

En el caso de las corporaciones, el Instituto brinda talleres a medida conocidos como C-suites o «No talleres» (es un nombre que surge de la probada capacidad del instituto de brindar el entendimiento que logra que las organizaciones liberen su potencial). Son sesiones que se apoyan en los años de trabajo del instituto con altos ejecutivos de empresas como A. G. Lafley de P&G, Jim Sinegal de Costco, Terry Lundgren de Macy's y muchos más, y que les animan a enfrentar algunos de sus desafíos más importantes para promover acciones al estilo Drucker.

Y en cuanto a las organizaciones del sector social, el trabajo del instituto se centra en el Premio Peter F. Drucker a la innovación sin fines de lucro, de 100,000 dólares. El instituto ha convertido la candidatura al premio en una gran herramienta de enseñanza, en la que casi un ochenta y cinco por ciento de los que se presentan dicen que el proceso de competir por el premio les sirve de incentivo para «explorar oportunidades adicionales para innovar en su tarea». Con respecto al futuro el instituto tiene planes de ampliar la forma en que difunde el conocimiento a través de esas candidaturas para poder enseñarles más de los principios esenciales de Drucker a los cientos de organizaciones sin fines de lucro que se presentan cada año.

En términos de las entidades gubernamentales, el instituto ha lanzado el programa Drucker Playbook para el sector público, que es una serie de doce talleres en las que los empleados municipales toman lecciones sobre liderazgo y efectividad, tomadas de las enseñanzas de Peter.

La ciudad de South Bend en Indiana, hoy lleva adelante el piloto del programa Playbook, y ya se está trabajando en el plan de llevarlo a muchas de las 280 ciudades de mediana envergadura de los EE.UU., con plazos determinados a lo largo del tiempo.

Además de esas tres iniciativas centrales, el instituto vincula esa sabiduría atemporal de Peter con lo que hoy sucede en el mundo y los titulares de los periódicos, con un blog diario que se llama *The Drucker Exchange*, un podcast mensual que se emite por radio, *Drucker on the Dial;* y una columna quincenal llamada *The Drucker Difference*, que escribe Rick Wartzman para la revista de Internet de *Time*. Finalmente, el instituto sigue supervisando los archivos de Peter, solo que ahora con el ojo experto de un archivista profesional que trabaja a tiempo completo y que ha ampliado la colección y la ha digitalizado para que sea más fácil acceder a los documentos.

La información sobre todas esas actividades y el acceso a los archivos Drucker, está disponible en www.druckerinstitute.com (y algo más: lo recaudado por las ventas de este libro que escribí se donará al instituto para que pueda seguir profundizando su impacto).

Hace más o menos treinta años, como joven propietario de una compañía, me propuse un objetivo bastante ambicioso respecto del valor de capital, y con esa meta también me prometí que daría en donación justamente ese monto exacto antes de dejar esta vida, que en ese momento con ayuda del Instituto Cooper y otros datos que reuní, calculé que sucedería a mis setenta y cinco años. (El Instituto Cooper fue fundado por el decano de la Medicina Preventiva, el Dr. Kenneth Cooper, y acudo allí cada año para mis exámenes médicos.) Fue enorme la influencia de Peter en cuanto al modo en que donaría ese dinero. Me dijo en una ocasión: «Tu trabajo consiste en liberar y dirigir la energía que ya tienen dentro los demás, no en brindársela». Lo que entendí es que quiso decir que la mejor forma en que podía cumplir mi misión de dar rienda suelta a la energía latente del cristianismo norteamericano sería al financiar los esfuerzos de muchos líderes innovadores para que aprendieran los unos de los otros y luego pusieran a disposición de otros más todo lo que sabían. De modo que básicamente, lo que he estado haciendo en estos últimos treinta años es tomar a la gente más inteligente de las que están en la iglesia, para reunirlas en un lugar y hacer que vean cómo lo pueden lograr. Mi visión de la filantropía ha sido «una larga obediencia en la misma dirección», usando las palabras de Eugene

Peterson, autor y creador de la traducción de la Biblia titulada *The Message* [El Mensaje].

Hoy, mientras escribo estas líneas a mis setenta y cuatro años, aunque espero con ansias mi cumpleaños número setenta y cinco y los que puedan venir, con toda la intención de seguir haciendo lo que hago inspirado por el hecho de que Peter jamás se retiró, pensé que correspondía escribir este resumen final. ¿Estoy cumpliendo mi promesa? Para sorpresa mía, he sobrepasado mi objetivo en un cuarenta por ciento. Y eso tiene que ver más con la fidelidad de Dios que con mi generosidad.

> Muchas veces reflexioné en esas palabras que me dijo Peter: «El fruto de tu trabajo crece en árboles ajenos». Fue eso lo que me dio permiso para permanecer tras bambalinas, ofreciendo lo que pudiera a quienes podían jugar el partido mucho mejor que yo.

Muchas veces reflexioné en esas palabras que me dijo Peter: «El fruto de tu trabajo crece en árboles ajenos». Fue eso lo que me dio permiso para permanecer tras bambalinas, ofreciendo lo que pudiera a quienes podían jugar el partido mucho mejor que yo. De hecho, desde que Peter falleció en 2005, no ha pasado ni un día en que no haya pensado en él, aunque sigo percibiendo su continua influencia en mi vida. Peter me dijo una vez que yo era de los que revuelven las cosas, los que «hacen olas», en referencia a la parábola del sembrador. «No te conformes con que lo que hagas sea suficiente. La parábola del sembrador te dice que tienes que producir resultados de al menos cuatro o cinco veces más, si no de cien quizá. Es una parábola muy, muy inquietante».

Inquietante, sí. Pero se convirtió en la solución a otro de los desafíos que me propuso Peter cuando dijo que la declaración de misión de cualquier persona debiera caber en el frente de una camiseta. Y para mi «camiseta» elegí *100 x* porque creo que estoy llamado a ser el «suelo fértil» desde el cual los líderes innovadores y emprendedores de la iglesia puedan cambiar al mundo. En esencia, es ese el resumen de mi visión en cuanto a la filantropía y no creo que pudiera haber llegado a entenderlo sin la ayuda de Peter.

Hace varios años un joven vino a verme con una idea que, según él, ayudaría a que las grandes iglesias crecieran para poder transformar mucho más. Por respeto a su privacidad no voy a decir más en cuanto a cuál era su proyecto, cuyo valor al fin pude ver y luego financié para que su idea se concretara en realidad. Pero sí diré que la idea funcionó y sumó una dimensión inspiradora a la experiencia de las grandes iglesias como nunca antes se había visto. Peter conocía bien cuál sería mi papel en esa innovación y su concisa evaluación de ello me ayudó a entender más cuál era mi función: la de acompañar a los demás.

«Te necesitó durante mucho tiempo. Ya no te necesita más».

Su árbol y el fruto que está produciendo ahora se las arreglan perfectamente sin mí. Esa es la versión del filántropo de lo que significa un retorno gratificante de su inversión.

La Biblia dice que cada uno de nosotros tiene tareas en la vida «las cuales Dios preparó para que anduviésemos en ellas» (san Pablo, en Efesios 2.10, RVR60). El Rey David en mi salmo preferido declara:

Porque tú formaste mis entrañas;

Tú me hiciste en el vientre de mi madre.

Te alabaré; porque formidables, maravillosas son tus obras;

Estoy maravillado,

Y mi alma lo sabe muy bien.

No fue encubierto de ti mi cuerpo,

Bien que en oculto fui formado,

Y entretejido en lo más profundo de la tierra.

Mi embrión vieron tus ojos,

Y en tu libro estaban escritas todas aquellas cosas

Que fueron luego formadas,

Sin faltar una de ellas

(Salmos 139.13-16, RVR60)

Cada uno de nosotros tiene una tarea en la vida. Viene codificada en lo que me gusta definir como el ADN espiritual de cada persona. No se trata de que tengamos que reconocer el código, porque Dios nos ha dado libre albedrío. Así que de nosotros depende. Lo expresó en pocas palabras Shakespeare en su Hamlet, cuando preguntó: «Ser o no ser, esa es la cuestión». La otra gran pregunta es «cómo hacerlo». En mi caso particular, jamás se trató de si lo haría o de qué haría, sino de cómo lo haría. Y Peter fue el instrumento que me ayudó a contestar esa pregunta porque me guió para que pudiera entender mi papel en la tarea de dar rienda suelta a la energía de los demás.

Hay otra variante de su respuesta que encontré a lo largo de cinco encuentros espontáneos que no tenían agenda alguna y que sucedieron en una semana de enorme importancia. En todos esos casos yo había invertido hacía tiempo algo de mi dinero o de mi tiempo en la vida de alguien, esperando que sirvieran de piedra de base para que luego prosiguieran con una tarea que Dios les había asignado, específicamente. A cada una de esas personas, ya se les había provisto del equipo necesario y lo único que necesitaban era un empujoncito, alguien que les dijera: «Puedes hacerlo», y que preguntara: «¿Cómo puedo ayudarte?». Fue eso lo que Peter hizo por mí.

> Estoy convencido de que muchos creyentes en serio, si no todos, en algún punto entienden cuál es su llamamiento, pero que ese entendimiento puede estar sepultado bajo años de mucha actividad y distracción. Sin embargo, ese sentido suprimido de su llamamiento les acompaña por años.

Estoy convencido de que muchos creyentes en serio, si no todos, en algún punto entienden cuál es su llamamiento, pero que ese entendimiento puede estar sepultado bajo años de mucha actividad y distracción. Sin embargo, ese sentido suprimido de su llamamiento les acompaña por años y cuando salen de la iglesia cada domingo sienten que hay algo que les sigue como una sombra acusadora.

Al explicar la parábola del sembrador Jesús describió que nuestras distracciones y desvíos de rumbo en la vida son «los afanes de este siglo, y el engaño de las riquezas, y las codicias de otras cosas». Son muchas y persistentes las presiones que te hacen seguir buscando el éxito: el dinero, el reconocimiento, la mejor mesa en un restaurante cinco estrellas. La gente quiere que su vida cuente para algo, pero lo que sucede es que carecen de dos cosas. Ante todo, les falta claridad en cuanto a su llamamiento, algo que les llevaría a tener coraje y a comprometerse. Pero también les falta aliento, que alguien les diga: «Puedes hacerlo. Hablemos de ello hasta que quede claro».

Así que hoy entro en mi tercera profesión como «alentador» e intento hacer por los demás lo que Peter hizo por mí. De él aprendí que el aliento es una mezcla de:

- Permiso, para ser la persona que Dios tiene en mente que seas.
- Reconocimiento, una palmadita en la espalda que te diga: «¡Lo lograste! ¡Bien hecho!».
- Aplauso, el reconocimiento en dosis pequeñas pero efectivas, por parte de gente que realmente se interese por ti y entienda de veras el buen trabajo que has logrado concretar.
- Responsabilidad, un elemento esencial para que las «buenas intenciones» se conviertan en «resultado y rendimiento».

El aliento que uno les brinda a los demás libera su energía positiva, levanta el espíritu y el ánimo, y hace que el desafío y lo «imposible» se vean como posibles. Por lo general, se logra muchísimo con un poco de aliento en una conversación cara a cara, tal vez en una situación invisible para el resto del mundo.

Una buena forma de resumirlo es lo que aprendí de mi buen amigo el almirante Ed Allen, que fuera capitán de uno de los doce portaaviones de la Armada de los EE.UU. Expresó cuál era mi papel de la siguiente manera: «La catapulta es lo que hace que funcione la Armada de los EE.UU. Es virtualmente invisible, pero logra que los 3,200 kilogramos de un F-14 con carga completa pueda despegar de cubierta en tan solo 60 metros. Tú no eres el portaaviones. Tú no eres el avión. Tú no eres el piloto. Eres la catapulta que logra que el avión despegue y vuele».

> Todo lo que hacía Peter, y todo lo que escribió, surgía de su profunda convicción de que era posible una sociedad funcional, en pleno funcionamiento, y que todos podemos cumplir un papel en cuanto a lograr que nuestro mundo sea mejor, más humano.

El almirante Allen me dio una imagen visual muy gráfica que me recuerda los objetivos de todos los ministerios en los que tengo algo que ver. Eso es lo que hace Leadership Network por los líderes de las grandes iglesias, lo que hace mi libro Halftime por los muy capaces líderes del mercado en la segunda mitad de sus vidas, y lo que hace el Instituto Drucker por los líderes del mundo empresarial, el sector social y el sector público. Todos ellos son catapultas.

Peter fue mi catapulta y lo que planeo seguir siendo por los demás es justamente eso. Todo lo que hacía Peter, y todo lo que escribió, surgía de su profunda convicción de que era posible una sociedad funcional, en plena operatividad, y que todos podamos cumplir un papel en lograr que nuestro mundo sea mejor, más humano.

Es probable que a algunos les parezca arrogante y hasta escandaloso que Peter Drucker y un empresario de Texas pudieran conspirar para cambiar al mundo, pero es eso lo que intentamos hacer con nuestro mejor esfuerzo. Éramos diferentes en muchos aspectos, pero ambos creíamos que hay un camino mejor, un objetivo más noble, un llamamiento superior para todos nosotros. Y que si al menos podíamos de la forma más pequeña ayudar a movilizar a las iglesias para que invitaran a otros que se sumaran a ese llamamiento, de veras podría transformarse al mundo para que sea algo más parecido a lo que Dios pensó al diseñarlo.

Sigo asombrándome cuando recibo informes de que todo eso en realidad se está concretando, por lo que te invito a que te unas a Peter y a mí en esta tarea de llevar adelante tal conspiración.

EPÍLOGO DE ED STETZER
UN CATALIZADOR QUE FOMENTÓ Y PROMOVIÓ UN MOVIMIENTO

EL MOVIMIENTO DE iglesias en crecimiento o iglecrecimiento ha empezado a perder su *sabor picante*. No es un término académico, pero entiendes a qué me refiero. Después de un comienzo promisorio empezó a perder fuerzas en la década de 1980.

En 1956 Donald McGavran publicó un libro titulado *The Bridges of God* [Los puentes de Dios]. Trataba sobre las estrategias que luego hicieron posible un proceso misionero efectivo. De allí nació el movimiento de iglesias en crecimiento, por lo que las conversaciones y prácticas se convirtieron en acciones de aplicación corriente en las iglesias.

En ese momento la mayoría de las congregaciones no veían que fuera necesario hablar o hacer otras cosas más que orar, cantar y predicar. Tal vez te cueste imaginarlo pero hace cincuenta años no se hablaba mucho de la mecánica de *hacer* iglesia. Hubo muchos cambios, y muy útiles, desde entonces.

Cuando expuse un discurso en el aniversario número cincuenta de la publicación del libro de McGavran en el año 2006, el título de mi presentación tenía un encabezado un tanto ominoso: «Nacimiento, crecimiento y muerte del movimiento de iglesias en crecimiento». Para 2006 había ya muy pocas iglesias que hablaran de los expertos en materia de crecimiento. Más bien hablaban y escuchaban a las iglesias más importantes y a sus pastores. En poco tiempo la influencia pasó de los especialistas en crecimiento a los pastores de iglesias locales, a las iglesias de enseñanza más importantes y a sus pastores.

Lo que quizá no sepas es cómo sucedieron las cosas detrás de escena. Tal vez no sepas que esas iglesias de enseñanza y sus pastores se convirtieron en nuevos lugares de aprendizaje para iglesias del mundo entero, y que la forma en que sucedió tuvo que ver con Bob Buford, un filántropo de Texas que actúa en silencio, y con su mentor Peter Drucker.

Buford hizo fortuna en el negocio de la televisión por cable y luego decidió que con su dinero marcaría una diferencia. Fue su influencia lo que llevó al surgimiento de grandes iglesias de enseñanza, que esencialmente reemplazaron al movimiento de crecimiento y dibujaron un nuevo mapa para el movimiento evangélico y mucho más.

ISLAS FUERTES

En el libro *Reinventing American Protestantism* [Reinventemos el protestantismo estadounidense] el profesor Donald E. Miller, de la Universidad de California del Sur, escribe sobre el surgimiento de movimientos nuevos, como el de Calvary Chapel y Vineyard. Su influencia en las iglesias de hoy no resulta fácil de ignorar porque como lo explica Miller, esos movimientos reinventaron la iglesia. Tu iglesia probablemente se parezca mucho más a Calvary Chapel de lo que se parece a la iglesia de tus abuelos, incluso si pertenece a la misma denominación.

A medida que perdía fuerzas el movimiento de crecimiento de iglesias fueron surgiendo nuevas ideas como la de Calvary Chapel y Vineyard. Cambiaron la forma de los servicios de adoración, de la aproximación a las culturas. Pronto hubo otras iglesias que adoptaron ese nuevo estilo, ese acercamiento a la cultura y sumaron ese estilo al liderazgo también.

Más o menos en la misma época Bob Buford decidió encontrar en la iglesia lo que él llamaba «islas fuertes» para invertir en ellas. Lo hizo con la esperanza de que diese como resultado un retorno exponencial. Y la inversión rindió resultados muy buenos.

Buford hizo su aporte a que el ministerio pudiera verse de otra forma, a que se reinventara el protestantismo norteamericano, con una fusión que se ligó al conocimiento del liderazgo, más los principios que aprendió de Peter Drucker.

Por supuesto que a Drucker le interesaba la megaiglesia. Le dijo a la revista *Forbes* en una oportunidad, que «las megaiglesias pastorales son seguramente el fenómeno social más importante de la sociedad estadounidense en los últimos treinta años».

Drucker sabía que millones de personas tenían la oportunidad de conectarse con tales iglesias. Que el impacto de la comunidad era auténtico cuando la iglesia era sana, sólida, en crecimiento. Era un tipo de comunidad que no se encontraba en el área de los negocios.

El fenómeno de las grandes iglesias ha tenido un impacto significativo en Norteamérica y en particular, en los Estados Unidos, porque el movimiento ha influido no solo en quienes asisten a esas iglesias sino en la sociedad en general al abrir la perspectiva a un futuro diferente, quizá, que reemplaza a la visión europea secular.

Buford y Drucker, juntos, tuvieron un enorme impacto en la dirección y rumbo de la iglesia. Es probable, digamos, que tu iglesia cante como Calvary Chapel pero que esté dirigida como Saddleback. Esos dos nombres forman parte del motivo.

CATALIZADORES DE AGENTES DE CAMBIO

Hace unos treinta años Buford creó la pionera Leadership Network y comenzó a influir en los que tienen influencia. Invirtió de su tiempo en la capacitación de quienes capacitan a otros. Buscó crear comunidades de aprendizaje que pudieran promover el aprendizaje mutuo, entre los líderes de mayor capacidad. Lo hizo desde el principio, con hombres como Bill Hybels, Rick Warren y Robert Lewis.

Buford buscó líderes efectivos que enseñaran a otros y que luego catalizaran sus capacidades. El resultado final fue que los líderes se vieron impulsados a una mayor capacidad de liderazgo. Los pastores más talentosos se convirtieron en líderes efectivos y, como resultado, sus ministerios se hicieron más fuertes. Su influencia fue propagándose y, como resultado, el impacto de Buford se multiplicó.

Leadership Network nunca buscó estar bajo las luminarias. De hecho, su objetivo era volar bajo la señal de radar de otros grupos. Más bien buscaron hacer que sus clientes, los líderes y las iglesias fuesen las estrellas, sin ir tras el estrellato propio del grupo y menos aun, del mismo Buford. Era esa la intención, la de estar tras bambalinas. La de ser el escenario, no el espectáculo.

Esas nuevas iglesias, con Buford de fondo como catalizador, lentamente empezaron a cambiar un problema. Los seminarios les enseñaban a muchos pastores cómo ser estudiantes de las Escrituras (algo buenísimo) pero no a liderar, ni a administrar ni a gestionar su iglesia. A menudo, sabían enseñar y predicar, pero no tenían idea de cómo salir a buscar el crecimiento.

Buford fue de ayuda en la creación de un movimiento, o en realidad varios movimientos, de iglesias que buscaban prácticas de liderazgo con discernimiento. Fue natural que lograran ser efectivas y crecieran al punto de que esos movimientos y métodos luego influyeran en miles y miles de iglesias, probablemente, también la tuya.

Sin embargo, es eso lo que hace un catalizador: en la química el catalizador ayuda a crear una reacción química sin consumirse en ese proceso y luego vuelve a hacerlo. Si lees la historia del trabajo de Buford con los ministerios, lo que verás es un mapa con caminos de nuevas influencias de iglesias y ministerios, que llegaron a ser más efectivas gracias al catalizador: Bob Buford.

MÁS QUE REUNIONES

No era que Buford organizara reuniones. Financiaba ese impacto que buscaba, pero lo hacía de manera selectiva, eligiendo solo las inversiones que crearan retornos exponenciales. Por ejemplo, él y el multimillonario Phil Anschutz de Colorado financiaron el Fondo Burning Bush [Zarza ardiente]. Con su pasión como catalizadores, hicieron una inversión estratégica. Hubo líderes como Mark Driscoll, Tim Keller, Larry Osborne, Greg Surratt, Neil Cole y otros más que involucraron a sus iglesias y ministerios también.

Me convocaron como facilitador para la segunda tanda del proyecto. Al ver los nombres de los invitados en la primera tanda, me sorprendió ver que había muchos que en ese momento eran desconocidos pero que luego llegaron a tener influencia en toda la nación.

Eran esas las «islas fuertes» que Buford buscaba. Sabía hallarlas y usar su influencia para tender puentes de isla en isla de modo que todos pudieran aprender los unos de los otros. Los hacía mejores y les ayudaba a difundir sus historias.

Como resultado, las iglesias tienen mejores líderes y más influencia. Y todo por una persona que por designio permaneció lejos de las luminarias, fuera del escenario.

¿A QUIÉN LE DAMOS EL CRÉDITO?

Mientras perdía fuerza el movimiento de crecimiento de iglesias o iglecrecimiento y surgía la iglesia contemporánea, Buford fue convirtiéndose en un catalizador clave del nuevo mapa de influencia de la iglesia en el tercer milenio. Y todo el tiempo, se mantuvo casi en el anonimato, desconocido relativamente.

Hacia fines del año 2013 yo tenía que dar un discurso en algo parecido a una celebración de Leadership Network y la organización Halftime. Presenté un cuadro sinóptico que marcaba el crecimiento en algunos sectores de la iglesia y luego hice enmarcar ese cuadro para dárselo a Bob. ¿Por qué? Porque como misiólogo, veo que en esa tendencia de crecimiento está su influencia.

Se dice que el Presidente Harry Truman declaró en una oportunidad: «Es asombroso lo que uno puede lograr si no le importa a
quién se le dará crédito por ello». Es el claro ejemplo de la forma en
que trabaja Bob Buford. Decidió ser catalizador de lo que aprendió
de Drucker, y de su fortuna en el negocio del cable, sin preocuparse
tanto por el crédito.

Quizá no conozcas a Bob, pero es probable que haya tenido
influencia en ti y en tu iglesia. Pero más importante todavía es el
hecho de que decidió ser catalizador para potenciar el impacto
del reino. Y doy gracias por su pasión e inversión, en pos de ese
propósito.

Ed Stetzer, Ph. D.
Presidente de LifeWay Research
www.edstetzer.com

MÁS OPINIONES DE LECTORES Y AMIGOS DE PETER Y BOB

«Hay mucha gente que habla del papel que podemos tener en esto de hacer del mundo un lugar mejor; *Drucker y yo* es la historia de dos personas que en verdad han hecho del mundo un lugar mejor. Su voluntad para escuchar, para amar, para aprender el uno del otro, y su concentración en los resultados, ha creado una plataforma que brinda su aporte al pleno funcionamiento de la sociedad».

Mike Regan
Jefe de desarrollo de relaciones en TranzAct Technologies, Inc.

«Durante medio siglo Peter Drucker fue una voz que guió a mi padre, fundador de Yamazaki Baking Company de Japón, en 1948, y que luego hizo lo mismo conmigo. Fue el señor Bob Buford quien me dio la especial oportunidad de convertirme en el último discípulo de Peter, el más pequeño de todos. El libro *Drucker y yo* que escribió Bob me ha brindado todas las respuestas a las preguntas que tenía sobre Peter Drucker y su teoría de la administración y la gestión. Es un libro que señala el rumbo a un nuevo camino para todas las organizaciones humanas, sean comerciales o sin fines de lucro, plenamente funcional y que produce resultados. Este libro será mi segunda biblia de la administración y la gestión».

Nobuhiro Iijima
Presidente y ejecutivo de Yamazaki Baking Company, Tokio, Japón

«El relato de Bob Buford sobre su larga jornada junto a Peter Drucker nos brinda una maravillosa historia que nos permite conocer a dos compañeros y viajeros, un relato que vale la pena leer como guía para llegar a ser líder y luego hacer algo al respecto».

Richard F. Schubert
Presidente de la Asociación Nacional Jobs Corps,
ex presidente de la Cruz Roja de los EE.UU., y
cofundador de la Fundación Peter F. Drucker para
la administración de organizaciones sin fines de lucro

«Con fidelidad y persistencia Bob Buford nos presenta el modelo de una vida haciendo por los demás lo mismo que Peter Drucker hizo por él. Su "puedes hacerlo, ¿cómo puedo ayudarte?", es la postura del que sirve al otro, un potente mecanismo que logra sacar de cada uno lo mejor. Pero al mismo tiempo, es la manera simple y profunda de acelerar el impacto y los resultados. Al servir como "catapulta" y dejar que yo fuera el "avión", las huellas y valores centrales de Bob hoy son parte viva de las organizaciones que encabezo. Ahora estoy comprometido a hacer por otras personas lo que Bob Buford ha hecho por mí. Es contagioso, multiplicador. Gracias, Peter. ¡Gracias, Bob!».

Todd Wilson
Fundador y ejecutivo de Exponential

«Bob Buford me invitó a sus encuentros con Peter Drucker y desde ese momento, tuvieron influencia en mi vida. *Drucker y yo* ahora nos invita a todos a los mismos encuentros y momentos gozosos de esa jornada».

Leith Anderson
Presidente de la Asociación Nacional del Movimiento
Evangélico

«Soy, en todos los aspectos, subproducto de la relación de Bob Buford con Peter Drucker. Conocí a Bob en 1988 en una pequeña reunión de pastores que patrocinó él y que incluía a Drucker como instructor. Ahora cuando recuerdo, después de dos décadas y media, veo que los principales frutos de mi trabajo tienen relación con Bob. Este libro debiera titularse, mejor, *Drucker, Buford y yo*».

Randy Frazee
Ministro principal de Oak Hills Church y autor de
The Heart of the Story y **The Connecting Church**

«*Drucker y yo* es al mismo tiempo una historia conmovedora y un manual genial para crear una revolución en la sociedad, para bien de muchos. A través de los ojos del exitoso líder empresario Bob Buford, que es también un hombre influyente en la iglesia, vemos en detalle la descripción de los veinte años de su relación con su mentor, el padre de la administración y la gestión moderna, Peter Drucker. Este brillante libro nos muestra cómo se hicieron amigos Drucker y Buford, y la forma en que lograron conspirar a través de la iglesia estadounidense y el sector social con el fin de crear una sociedad mejor. *Drucker y yo* es uno de esos libros que se encuentran con poca frecuencia, porque la historia te conmueve en lo emocional pero al mismo tiempo, dejarás gastadas las esquinas de las páginas porque recordarás principios del liderazgo que querrás recordar siempre».

Dave Ferguson
Pastor principal de la congregación Community
Christian Church, visionario de NewThing Network
y autor de **Encuentra tu camino de regreso a Dios**

«Uno de los más grandes regalos de Dios a mi ministerio fue que Peter Drucker fuera mi mentor. Le debo a Bob Buford el hecho de que lo hiciera posible».

Bill Hybels
Pastor fundador de la congregación Willow Creek Community Church

«En *Drucker y yo*, Bob Buford nos presenta a un Peter Drucker que pocos conocíamos. Casi todos piensan que Drucker se ocupaba solo del tema de la administración y la gestión de empresas. Pero nunca fue así. Se ocupaba de las personas y las organizaciones. Su tarea consistía en hacer que las organizaciones fuesen efectivas y ayudaran a las personas a alcanzar logros. Su enfoque en el tema de los negocios en gran parte tenía que ver con que con su información financiera las empresas brindaban una forma uniforme en que pudieran medirse los resultados. Pero a medida que pasaba el tiempo y el mundo de los negocios se hacía más competitivo y ponía cada vez más énfasis en la compensación de los ejecutivos y el corto plazo, se fue sintiendo más y más desilusionado. No era que no importaran las ventas, las ganancias y la compensación. Era que se habían convertido en lo único que importaba.

»Más o menos en esa época surgió otro tipo de organización, que no tenía que ver con hacer más dinero, sino con el impacto social. Las creencias centrales de Peter y sus observaciones se aplicaron a esas organizaciones de tan rápido crecimiento: las megaiglesias. Su crecimiento fue testimonio de las necesidades y deseos de una generación de personas que hallaban que sus iglesias tradicionales no cubrían.

»Lo que Bob refleja en *Drucker y yo* nos muestra una faceta muy diferente de Drucker y su obra, poniendo énfasis en que la gestión y la administración son algo genérico. Es decir, que los principios serán básicamente los mismos, ya sea para el gobierno, los negocios o el sector social. Todo comienza con los líderes apasionados como Bill Hybels, Rick Warren o Bob Buford.

»Acabo de terminar de leer *Drucker y yo*. Es un libro que me atrapó. Así como los líderes de las iglesias se beneficiaron de lo que Peter tenía que decir, la aplicación de sus enseñanzas en la actividad de los líderes eclesiales y empresariales que lean el libro, brindará aprendizajes a partir de la iglesia moderna.

»Como compañero de estudios de Peter me resultó graciosa la observación de Bob en cuanto a que no sabía dónde terminaba Peter y dónde empezaba él. Siento exactamente lo mismo. Le agradezco a Bob por brindar el gran servicio de mostrarnos este aspecto de Peter, el del hombre y su trabajo».

John Bachmann
Socio principal de Edward Jones

«*Drucker y yo* ha logrado unir lo MEJOR de Peter Drucker con lo MEJOR de Bob Buford y como resultado, surge lo MEJOR de cada uno de los lectores de este libro. Me sucedió y te aseguro que te sucederá también. *Drucker y yo* es decididamente uno de los mejores libros que haya leído en mi vida».

Dr. Walk Kallestad
Pastor principal de Community Church of Joy

«No son muchos los que conocen la historia de que Peter Drucker pasó muchas horas de la última parte de su vida ocupándose, no de los negocios, sino de las organizaciones sociales. Fue mentor de Bob Buford, autor de este libro, y también líder. Y no solo nos recuerda a Peter sino que llama a los líderes sociales a aplicar muchas de las ideas de Peter al desarrollo de su importante trabajo».

Dave Travis
Ejecutivo y principal encargado de dar aliento en
Leadership Network

«En *Drucker y yo* Bob Buford nos permite ver el interior de la intrigante amistad entre dos hombres influyentes que juntos cambiaron el rumbo del movimiento moderno de la megaiglesia y su capacidad para influir y redimir al mundo».

Steve Stroope
Pastor principal de Lake Pointe Church, Rockwall,
Texas, y autor de **Tribal Church**

«Olvidamos que las leyendas también son personajes reales. Peter Drucker dio forma a las ideas de una generación en cuanto a los negocios y el empresariado; Bob Buford transformó al cristianismo norteamericano. Y aquí vemos a dos leyendas como amigos, que se disfrutan, apoyan y aprenden el uno del otro».

Jeff Sanderfer
Fundador y profesor de Maestría en Empresariado
de Acton

«Aunque Peter Drucker transformó a líderes de todo el planeta con sus innovadores principios de liderazgo, no fueron muchos los que conocieron a Drucker como hombre, como persona. En este libro tan personal, Bob Buford nos muestra que aunque la influencia de Drucker como gurú de la gestión fue enorme, fue mayor todavía como amigo y mentor. Gracias, Bob, por permitirnos beber de la misma copa siempre llena de la que bebiste en persona».

David Delk y Patrick Morley
Autores y ejecutivos de Man in the Mirror

«La sabiduría de Peter Drucker ha tenido profunda influencia en muchas personas. Algunos tuvimos el privilegio de conocerlo como amigo y mentor. Este libro refleja lo que ganó Bob Buford de esa relación, y que luego multiplicó en las vidas de otras personas, gracias a la sabiduría que aprendió de Peter».

Bill Pollard
Presidente emérito de la compañía ServiceMaster y miembro del directorio del Instituto Drucker

«Bob Buford nos pinta la historia de Peter Drucker como mentor suyo para brindarnos a sus lectores parte de esas enseñanzas para nuestras vidas. *Drucker y yo* no solo te hará maravillar ante ese panorama directo de la particular amistad entre esas dos personas extraordinarias. También te hará reflexionar, de manera nueva y profunda, en lo que será tu nueva respuesta a la mayor pregunta de Drucker: ¿Por qué cosas quieres que te recuerden?».

Zach First
Director gerente del Instituto Drucker

«En los inicios de mi ministerio aprendí lo que es, al menos, una verdad parcial: el que realiza la tarea no es tan importante como quien multiplica a los que la cumplen. Tanto Peter Drucker como Bob Buford son únicos en cuanto a que hicieron más que eso. Dejaron un legado de multiplicadores que multiplican. Lo que Peter Drucker significaba para Bob Buford, lo es Bob para una gran cantidad de pastores como yo: un multiplicador que multiplica a través de nuestras vidas. He dicho innumerable cantidad de veces que pocas personas, tal vez ninguna otra, han tenido tanta influencia en la iglesia de hoy como la que ha tenido Bob Buford. Después de leer *Drucker y yo* entenderás por qué y cómo lo hizo, principalmente gracias a un experto multiplicador llamado Peter Drucker. Te aconsejo, no solo que leas este libro, sino que lo estudies. Está lleno de perlas de sabiduría».

Randy Pope
Pastor de Perimeter Church, Atlanta

«Qué maravillosa historia de dos pioneros de contextos diferentes que concibieron e implementaron el emprendimiento social para la iglesia de Norteamérica, cambiando millones de vidas».

Tom Luce
*Ejecutivo de TWL Consulting y presidente de la
Junta de la Iniciativa Nacional de Matemáticas y
Ciencia*

«*Drucker y yo* es un libro muy inusual que inspira. Cuenta la historia de la fidelidad de Bob Buford al llamamiento de Dios a su vida, que llegó temprano y a tiempo, después de haber completado sus obligaciones con su familia. El libro nos habla de la visión de Bob y de la activa participación de Drucker, que ayudó a Bob a alcanzarla. Leadership Network, el Instituto Halftime y las numerosas publicaciones de Bob están dedicados a ayudar a las personas a que desarrollen sus talentos y sus dones. Fue esa una fuerza de impulso en la vida y el trabajo de Drucker. Los más de veinte años de colaboración entre estas dos personas me parecen algo preordenado cuya riqueza puede inspirarnos a seguir adelante, a tratar de marcar una diferencia positiva en las vidas de las personas. Te urjo a que leas este libro y que atesores su mensaje en tu corazón».

Joe Maciariello

Profesor principal y emérito, Escuela Universitaria de Administración Peter F. Drucker y Masatoshi Ito, Claremont, California

«Como quien ha cosechado el beneficio de una relación con Peter Drucker a través de la amistad de Bob, puedo decir que no vas a encontrar un relato más sentido, preciso y autorizado, de tan extraordinaria relación».

Fred Smith

Presidente de The Gathering

«Me cautivó la calidez y autenticidad de Bob en la forma en que describe su relación con Peter Drucker como mentor suyo en *Drucker y yo*. Los mentores suelen ofrecer lecciones sobre las reglas tácitas del mundo profesional, pero los grandes mentores se centran en el "todo" de la vida, lo que incluye la fe, las relaciones y el trabajo. Este libro es sobre el "todo" de la vida. Puedo dar testimonio de que Bob aprendió de Peter y lo transmitió a los demás, incluyéndome: Bob catapultó el ministerio que fundé. Mis gracias, a Bob y ahora, a Peter».

Diane Paddison
Fundadora de 4word (www.4wordwomen.org),
autora de Work, Love, Pray *y directora de*
estrategias de Cassidy Turley

«*Drucker y yo* es la historia de la amistad entre Bob Buford y Peter Drucker. Pero es mucho más que eso. Es un caso real de estudio, de cómo Peter Drucker apadrinó como mentor a Bob Buford, y lo animó a hacer todo lo que ha hecho estos últimos treinta años. Lo que me encantó no son las cosas "nuevas" sobre Drucker o sus principios sobre la gestión, sino la forma en que las aplicó alguien que conozco. Tomé nota al margen de las páginas sobre cómo esos mismos principios se aplicaban a mí y lo que yo estaba haciendo. Este libro me encantó. Me encanta Bob Buford, que ha tenido un impacto tan profundo en mi vida. ¡Ahora sé de dónde vienen algunas de esas ideas! Gracias, Bob».

Bob Roberts
Autor de Bold as Love *y pastor de Northwood*
Church (northwoodchurch.org)

RECONOCIMIENTOS

Agradezco la visión de Byron Williamson y Worthy Publishers, para difundir esta historia. Hace casi tres años mi colega Derek Bell le envió a nuestro buen amigo el profesor Joe Maciariello un iPod con más de noventa horas de conversaciones grabadas entre Peter Drucker y yo, y a veces, otros amigos a quienes yo había invitado. Joe digirió ese pensamiento de Drucker sin digerir, como solo él podía hacerlo. Después de todo, Joe fue el único coautor de Peter Drucker. Memorizó el contenido de miles de páginas. Gracias, Joe, por tu persistencia. Todo el que tenga interés en las ideas y sabiduría de Peter debiera estar atento al próximo libro de Joe. El libro será el «manual de aplicación» que acompaña esta historia. Gracias, Lyn Cryderman, por dar forma y enfoque a mi escritura para que le resultara valiosa (eso espero) al lector.

A. B. J. Engle, la persona que ordena mis días y me mantiene entre líneas. Contribuyes en mucho a todo lo que hago. Gracias.

Y finalmente a ti, el objeto de mi trabajo. Peter me enseñó hace años a guiar y dirigir la energía, no proveerla. Eso significa que te toca a ti levantar las pesas. Gracias a todos los pastores, líderes de iglesias, personas excepcionales que son dirigentes, personal y miembros de la junta de Leadership Network y Halftime.

Que la energía latente de todos se transforme en energía activa, para salvar a nuestro mundo.

Lo recaudado por las ventas de *Drucker y yo*, se destinará a perpetuar el legado de Peter Drucker a través de la obra del Instituto Drucker.

www.druckerandme.com

se ha creado como recurso adicional a la experiencia de Drucker y yo. Visita el sitio web, donde hallarás:

- herramientas que te ayudarán a aplicar lo que has leído
- audios inéditos
- videos de Bob y otros,
- más detalles e información sobre la amistad de Bob y Peter
  y mucho más.

ACERCA DEL AUTOR

Bob Buford se graduó en la Universidad de Texas y además en el Programa de gestión de la Facultad de Negocios de Harvard. Hasta la venta de su compañía en julio de 1999, Bob Buford fue presidente y ejecutivo de Buford Television Inc., que comenzó con una única filial de la ABC en Tyler, Texas, y creció hasta convertirse en una red de sistemas de cable que cubren todo el país. En 1995 Buford escribió el exitoso libro *Halftime* (que ha vendido más de 750,000 copias), sobre cómo enfrentar la segunda mitad de nuestras vidas. En 2004 escribió *Finishing Well*, una compilación de entrevistas inspiradoras, entretejidas con las experiencias personales de Buford. En 1984 fundó Leadership Network (www.leadnet.org), que sirve a líderes de las iglesias innovadoras, a las puertas del siglo veintiuno. En 1998 Bob lanzó Halftime (www.halftime.org), una iniciativa de Leadership Network que ayuda a las personas exitosas a convertir su fe en acción y en resultados efectivos. Poco después de la muerte de Peter Drucker, en 2005, Bob encabezó los esfuerzos por crear el Instituto Drucker (www.druckerinstitute.com). Hay más información sobre Bob para quienes se suscriben a su publicación, en www.ACTIVEenergy.net. Bob vive con su esposa Linda en Dallas, Texas.

WORTHY® Latino

Si le gustó este libro,
¿consideraría compartir el mensaje con otros?

- Mencione el libro en un post en Facebook, un update en Twitter, un pin en Pinterest, o una entrada en un blog.

- Recomiende este libro a quienes están en su grupo pequeño, club de lectura, lugar de trabajo y clases.

- Visite Facebook.com/WorthyPublishingLatino, dé "ME GUSTA" a la página, y escriba un comentario sobre lo que más le gustó.

- Escriba un Tweet en @WorthyPubLatino sobre el libro.

- Entregue un ejemplar a alguien que conozca y que sería retado y alentado por este mensaje.

- Escriba una reseña en amazon.com, bn.com, goodreads.com o cbd.com.

Puede suscribirse al boletín de noticias de Worthy Latino en WorthyLatino.com

 PÁGINA EN FACEBOOK DE WORTHY LATINO

SITIO WEB DE WORTHY LATINO